KB142102

한 권으로 마무리하는
취업 자소서 완전정복

한 권으로 마무리하는

취업자소서
완 전 정 복

이은규 황석범 이바름 지음

에이원북스 AONEBOOKS

프롤로그

이 책은 그냥 이론서가 아니다. 취업준비생이 실제로 자기소개서를 쓰고, 이를 첨삭하는 많은 시간과 노력의 투입으로 나온 책이다. 취업준비생들이 쓰면서 실수하는 부분과 이를 어떻게 고쳐 써야 하는지를 자세히 보여주고 있다. 책을 읽고나면 충분히 자기소개서를 쓸 수 있도록 배려하면서 쓴 책이다.

그동안 많은 취업준비생의 자기소개서를 보고 첨삭하였다. 취업준비생들이 자기소개서를 잘 쓰지 못하는 근본적인 이유는 우리나라에서 글쓰기 공부를 아예 시키지 않기 때문이다. 인권 문제로 초등학교에서 일기가 사라졌고, 국어 시간에도 교과서 진도 나가기 바쁘다. 고등학교에서 말하기와 글쓰기를 가르치는 화법과 작문은 대입 수능문제 풀이 시간으로 변질됐다.

자기의 생각을 글로 표현하는 수업 자체를 찾아보기 힘든 상황이 된 것이다. 일부의 취업준비생들은 수시로 대학을 입학했다면 자기소개서를 써보기도 했을 것이다. 하지만 700~1,000자 내외의 글자 수가 딱 정해져 있는 자기소개서를 쓰는 것이 대다수 취업준비생에게 결코 쉬운 일이 아니다. 초중고를 다니면서 글쓰기를 해본 적이 없기 때문이다.

또한 암기는 해봤지만 생각을 글로 써서 다른 사람을 설득하는 경험도 거의 전무하다. 대학교조차 따로 시간을 내 글쓰기를 가르치지 않는다. 자기소개서를 어떻게 써야 하는지를 배울 사람도 마땅치 않고 주변에서 찾기 어렵다. 이 책은 실제로 자기소개서를 첨삭하고 지도하는 과정을 담고 있다. 자기소개서는 쉽게 한 번에 완성되지 않는다. 저자들의 경험상 첫 질의응답을 시작으로 5차례의 첨삭 과정이 있어야 괜찮은 자기소개서가 나온다. 이 과정에서 취업준비생은 저절로 면접을 할 수 있는 능력을 키울 수 있다.

그동안 수많은 사람의 자기소개서와 모의면접을 지도하면서 결론을 내린 것이 있다. 혼자서 취업과 면접을 준비하는 것은 거의 불가능하다는 것이다. 자기 자신을 소개하는 것을 글로 쓰고, 이를 바탕으로 면접관의 질의를 상상하고 대답하는 것은 이제 사회에 막 나오는 취업준비생이 홀로 준비하기에는 절대로 쉽지 않은 일이다.

하지만 너무 걱정하지 않아도 된다. 취업준비생이 자기소개서를 쓰면서 저지르는 실수가 무엇인지를 실제 자기소개서로 드러냈다. 다음에 이를 읽는 시험관의 시각에 초점을 맞춰 저자들이 자기소개서를 어떻게 지도하는지 그 과정을 썼다. 마지막으로 불완전한 자기소개서가 완성된 모습으로 탈바꿈한 것을 보여줬다. 취업준비생이 이 방법을 활용해 자신의 자기소개서를 쓴다면 충분히 취업에 성공할 것이다.

이 책을 구안하고 함께 논의를 진행해 온 사람들에게 감사의 인사를 전한다. 이 책은 빛을 보지 못했을 정도로 그들의 도움은 절대적이다.

먼저 원고를 읽고 질정의 고언을 해준 홍애자님, 항상 응원하며 전체적인 구상에 도움을 준 윤혜경님, 전체적인 방향을 잡지 못해 흔들릴 때 시원한 냉커피로 심신을 달래주며 원고를 함께 읽어준 이하뉘님은 피로를 날려 버릴 정도로 상큼함을 주었다. 또한 기업에 재직 중인 한정희님은 선뜻 자신의 자기소개서를 활용할 수 있도록 하였다. 취업준비생이 면접에서 어떤 준비를 하여야 하는지, 그리고 취업하려면 어떻게 대학생활을 해야 하는지를 인터뷰로 전해줬다. 고등학교 졸업하고 바로 취업한 김성원님과 황현수님, 황

선호님의 자기소개서와 면접한 내용이 고스란히 이 책에 들어가 있다. 그 외에도 많은 사람의 노력이 포함되었다. 이 책이 나오도록 도움을 준 이들에게 깊은 감사를 전한다.

끝으로 졸고를 출판하느라 고생이 많은 전익균 대표와 직원들 모두에게 늘 고마움을 전한다. 이들의 노고 덕분에 이 책의 가치가 제고될 수 있었음을, 책의 프레임이 구체화될 수 있었음을 감사드리며 다시 강조한다.

제 1 부

자기소개서,
누가 보는가?

자기소개서,
누가 처음 보는가?

　인재를 선발하는 일은 어느 기업을 막론하고 중요한 과업 중 하나다. 기업의 미래가 그들에게 달려 있기 때문이다. 특히 사기업의 경우 어느 정도 지속적으로 성장하기 위해 인력이 필요하고, 인재를 선발한다. 각 부서에 필요한 인원을 알아본 후, 맡은 업무를 원활하게 수행할 수 있는 소양과 자질을 갖춘 인재를 선발한다.

　NCS 점수는 대기업에 입사하는 1차 컷오프의 기준이 된다. 그이후 당신이 제출한 자기소개서를 바탕으로 면접 인원을 선발한다. 자기소개서를 가장 먼저 검토하고 통과 여부를 판단하는 사람은 누구일까? 기업마다 약간의 차이가 있지만 보통 각 부서의 직원일 가능성이 높다.

　부서 직원이 자기 부서에서 필요한 인원을 선발하기 위한 기초작업에 투입될 경우 어떤 지원자의 자기소개서에 관심을 가질 것인가? 실무자는 자기 부서에서 진행하는 과업을 수행할 수 있는 지원자를 선택할 것이다. 물품 구매부서(자재관리 및 구입 부서)를 예를 들자. 취급하는 물품에 대한 이해, 구매 방법, 물품이 생산되는 경로, 물품이 사용되는 방식 등, 물품 구매와 관련된 기초 지식을 가진 지원자를 선발할 것이다. 부서 인원이 할당되어 배치된 이후 본인과 협력하여 기업에서 정해준 과업을 수행해야 하기 때문이다.

지원자의 자기소개서는 최초로 실무자가 읽고, 실무자가 당락(pass/fail)을 결정한다. 실무자가 지원자의 자기소개서를 본다면, 우선 업무에 필요한 기본 스펙을 갖고 있는가 일 것이다. 영어 점수, 토익 스피킹, NCS, 배치될 부서에서 주어지는 과업을 제대로 수행할 수 있는 능력과 대학 관련 학과의 학점 등 실무와 관련된 지원자의 능력을 파악하는 것은 당연하다. 적어도 자신이 지원하는 기업에 대한 이해와 지원하고자 하는 영역에 대한 실무적인 차원의 지식이나 지원자의 다양한 경험이 자기소개서에 녹아있어야 실무자들이 선택할 것이다.

당신이 서술한 자기소개서의 내러티브는 기업의 중견 간부나 팀장, 이사들이 먼저 보는 것이 아니다. 지원 부서의 담당 직원이 가장 먼저 본다. 지원자의 수가 적다고 해도 수백 명 이상이라는 것을 꼭 명심하자. 담당 직원은 이 업무만 전담하는 것이 아니다. 최대한 빠르게 지원자들의 자기소개서를 검토한 이후 자기 업무에 복귀하고 일 처리를 해야 한다. 정말 바쁜 사람이다.

실무 담당 직원이 중점적으로 검토하고 판단하는 지원자들의 자기소개서 내용은 무엇일까? 다음과 같이 정리할 수 있다.

순위	자기소개서에 담긴 내용	비고
1	기존 직원들과 지원자와의 협업 가능성	정성 평가 기준
2	지원자의 즉각적인 실무 투입 가능성 정도	
3	부서의 과업과 지원자의 경험 부합성	정량 평가 기준
4	부서의 과업과 관련된 지원자의 전공 적합성	
5	NCS, 영어 점수(토익 토플), 외국어 활용 능력	

[표 2] 실무 직원의 자기소개서 평가 기준

먼저 순위 5는 기업(사기업 및 공기업 막론)에 지원하려면 반드시 갖추어야 할 기본 조건이다. 어학 능력(특히 영어)의 경우 정량적으로 점수로 보여줄 수 있기에 1차 컷오프의 기준점이다.

2022년 네이버 웹툰이 북미지역에 진출하려고 경력 및 신규 사원을 모집했다. 이때 영어와 외국어(스페인어 이해 능력)는 필수 검증 요소였다. 북미지역에서 생활하려면 영어 활용 능력은 필수다. 특히 캘리포니아에 지사를 설립하기에 현지의 히스패닉계와 소통하기 위해 스페인어도 할 줄 알아야 한다. 기업 활동 지역에 따라 영어와 제2의 외국어 능력도 요구할 수 있다. 이에 맞춰 필수 기본 능력을 준비해야 한다.

순위 4는 지원자의 전공 적합성은 전공과 함께 업무 수행에 필요한 주변 학문이나 지식도 알고 있는가를 파악한다. 먼저 부서의 업무에 필수인 전공과 관련 교육에 초점이 맞춰있다. 예를 들면, 인사관리 부서 업무를 위해서는 인력 관리 매니지먼트가 기본이다. 휴먼 리소스를 이해하고 있어야 할 것이다. 경영학이나 경제학 관련, 회계학이나 행정학과 관련된 전공, 혹은 부전공이나 이중 전공도 이에 해당한다.

그러나 전공 적합성은 단순히 지원자가 대학에서 전공한 학문만으로 판단하는 것은 아니다. 지원자가 직접 체험한 경험도 전공만큼 중요하다. 지원 부서와 밀접한 관련있는 인턴 경력이나 실무 경력은 오히려 전공했던 학과보다 더 중요할 수 있다. 그래서 순위 3의 '지원자의 경험'은 매우 의미 있는 선택 기준이다. 앞서 언급했듯이 실무자들은 관련 업무를 할 수 있는 실무 능력을 판단 기준으로 하는 경우가 많다. 채용 후, 오리엔테이션과 수습 기간 중 업무 적응 훈련을 실무자들이 맡아야 한다. 어느 정도 실무 능력이 있는 지원자를 선호한다. 인턴 경력이나 관련 분야의 실무 경력(중소기업에 근무하다가 대기업 관련 부서로 이직할 때 신입 사원으로 지원하는 경우)이 있다면 바로 선택 할 것이다.

순위 2 '실무 투입 가능성'은 인턴 경력과 실무 능력, 프로젝트에서 맡았던 역할 등의 평가다. 물론 인턴 사원에게 프로젝트의 중요한 역할을 맡기지는 않지만 기업은 유기적인 협력으로 운영되는 곳이다. 프로젝트의 연속 과정이 기업활동이다. 지원자가 입사 전에 수행했던 프로젝트를 어떤 관점에서 바라보며 진행 과정에서 어떠한 갈등이 있었고 이를 어떻게 해결했는지를 평가한다. 이때 프로젝트의 전체 내용에 대한 이해의 정도, 그것이 왜 필요한 것이었는지, 프로젝트의 적절성이나 필요성을 실무자들이 판단한다.

마지막 순위 1인 '협업 가능성'은 실무 담당자가 파악하기 어려울 것으로 생각할 수 있지만, 지원자의 자기소개서에 여러 정보를 종합하여 판단한다. 비록 정성 평가 영역이지만, 자기소개서가 가지고 있는 한계와 거짓 정보를 파악할 능력을 가지고 있다. 특히 협업의 가능성에 대한 판단은 자기소개서에 나타난 여러 정보를 중심으로 종합하기 때문에 거의 정확하다.

자기소개서,
이렇게 쓰면 불합격한다
반드시 피해야 할 자기소개서 서술 일곱 가지

자기소개서, 이렇게 쓰면 불합격한다.

기업 서류 전형 심사에서 여러 번 탈락했다는 지원자들의 자기소개서를 자주 보게 된다. 한결같이 '내 자소서가 무슨 문제인가요?'라 묻는다. 유감스럽게도 이들의 자기소개서는 탈락할 수밖에 없는 내용으로 가득 차 있다. 냉정하게 판단하면, 이들은 탈락할 수밖에 없다는 말이다. 탈락하지 않으면 자기소개서를 정밀하고 체계적으로 서술한 다른 지원자들의 노고를 무시하는 것이기 때문이다.

인재를 선발하는 실무자들이 공통적으로 지적하는 사항이 있다. 다음과 같이 서술한다면 지원자의 탈락은 당연하다. 다음의 서술 방식이나 내용을 피하길 강력히 권고한다.

	반드시 탈락하는 일곱 가지 자기소개서 서술 패턴
1	자신의 단점이나 취약점을 위주로 자기소개서를 서술하라.
2	CEO의 관점에서 자기소개서의 내러티브를 구성하라.
3	당연한 이야기를 중심으로 자기소개서를 서술하라.
4	자기소개서에 자신의 강점을 한 번에 나열하여 서술하라.
5	끝을 흐리고 추상적인 표현을 활용하여 자기소개서를 작성하라
6	자신이 가진 능력과 역량을 직접적으로 자기소개서에 서술하라.
7	자기소개서에 자신의 정치적, 종교적 성향을 확연히 드러내라.

자신의 단점을 위주로 자기소개서를 서술하라.

그러면 반드시 불합격할 것이다.

자기소개서를 쓸 때 다수의 지원자가 착각하는 대표적인 것이 바로 이것이다. 지원자들은 단점이나 약점을 극복해야 할 것으로 생각하여 자기소개서에 그대로 서술하고, 극복의 방법이나 극복하기 위해 노력한 경험을 쓴다.

자기소개서의 내용으로 이것이 과연 적절할까? 자신의 장점을 최대한 드러내는 것이 자기소개서다. 그럼에도 약점이나 불리한 것을 서술한다고? 취업 과정은 지원자에게 닥친 위기 상황이다. 자기소개서는 그 위기의 상황으로 들어가는 입구와 같다. 위기의 상황에 닥쳐오는 어려움을 어떻게 극복할 것인가를 중심으로 모든 촉각이 곤두서 있을 것이다.

자신의 약점이나 단점을 드러낸 후 그것을 극복하는 과정의 내러티브로 역전극을 펼치는 것은 쉬운 일이 아니다. 취업 실무 담당자 혹은 취업 면접관들이 어떤 생각을 하는가, 어떤 내용을 선호하는가를 생각해야 한다. 앞부분의 서술에서 언급했듯이, 일부러 자신의 부정적인 내용들은 서술할 필요는 없다. 지원자는 솔직하게 자신의 모든 것을 알리겠다는 의미에서 언급하지만, 관건은 지원자를 선발하는 사람들에게 있다. 지원자의 솔직함을 해당 기업의 담당자들이 알아준다고 착각하는 것은 심각한 오류다.

지원자의 단점이나 약점은 '좋지 못한 품성'이나 '조직 생활에서 융화될 수 없는 습관'으로 생각할 수 있다. 심혈을 기울여 쓴 지원자의 자기소개서가 그저 그런, 다른 것과 같은, 쉽게 버릴 수 있는 것이 될 것이다. 오히려 지원자의 솔직함은 어딘가에 그대로 묻혀 버리고 오로지 약점만을 중심으로 지원자의 능력을 깎아 내리고, 폄하할 것이다. 그럼에도 불구하고 지원자는 자신의 약점이나 단점을 서술할 것인가?

아래에서 구체적으로 사례를 들어 설명한다.

- 3대 독자로 태어나 어릴 적 혼자 있는 시간이 많았습니다. 그래서 내성적인 성격이 형성되었고, 심리적으로 유약했습니다.
- 때때로 자신만의 공상에 빠져서 다른 사람들을 무시하곤 했습니다.
- 내가 옳다고 믿었기 때문에 타인들의 평가에 무관심했습니다.
- 친구들과 협업의 과정에서 자신의 관점을 초지일관 밀어붙였습니다.
- 상황에 따라 탄력적으로 자신이 내린 결정을 쉽게 변경하곤 했습니다.
- 정해진 규칙을 준수하기 위해 친구들의 의견을 수용하지 못했습니다.

만약 지원자가 위와 같은 내용으로 자기소개서를 작성한다면 아마도 인재 충원을 진행하는 인사 관련 부서의 담당자는 부정적 측면을 확대해서 생각할 것이다. 인간의 심리상태는 이성적인 논리나 합리적인 판단이 아니라 외부로부터 획득한 정보에 대한 최초의 느낌으로 좌우된다. 외부 부정적인 정보가 제공되면 주변에서 발생하는 모든 일을 이것과 연관하여 생각한다. 지원자의 자기소개서는 1차 관문인 해당 부서의 실무 담당자의 선을 넘지 못할 것이다.

그러면 어떻게 할 것인가? 지원자는 부정적 이미지를 표현하는 서술을 최대한 피해야 한다. 선입견과 편견을 심어줄 수 있는 정보를 굳이 인사 담당자나 실무 담당자들에게 제공해야 할 이유가 있을까? 많은 지원자가 그러한 단점이나 약점을 극복하는 과정을 보여주기 위해 자신에 대한 부정적인 정보를 제공하는 경우가 있지만, 그것이 늘 좋은 효과나 바람직한 결과를 가져오지는 않는다. 그런 의미에서 부정적인 내용의 정보 제공은 최소화할 필요가 있다. 다음과 같이 수정해 보자.

사례

- 3대 독자로 태어나 성장기에 혼자 있는 시간이 많았습니다. 혼자였기에 스스로 생각하고, 스스로 주어진 일을 행하는 습관을 길렀습니다.
- 어릴 적부터 해야 할 일들을 정리하고, 책임 있게 행동해야 한다는 사실을 빠르게 깨닫게 되었습니다. 형제자매가 없었기 때문에 외로웠지만 내가 생각하는 것을 주어진 상황에 대입시켜 행동할 수 있다는 사실이 좋았습니다.
- 중고교 시절 친구들과 협업을 통해 과제를 해결하는 과정에서 자신의 관점을 논리적으로 설명하고, 함께 고민하면서 과제에서 요구하는 것을 수행하기 위해 끊임없이 노력했습니다.

CEO의 관점에서 자기소개서를 구성하라.

그러면 반드시 불합격할 것이다.

사람은 자기 지위와 역할을 제대로 알고 있어야 한다. 지원자는 기업에 입사하고자 자기소개서를 쓰고 있다. 자신이 과연 그 기업의 미래까지 예견할 수 있는 능력이 있을까? 즉, 자신의 위치에서 해야 할 말이 있고 하지 말아야 할 말이 있다는 것이다. 입사하고 난 이후 무엇을 하고 싶다는 포부는 말 그대로 포부일 뿐이다. 그 것이 현실화하려면 엄청난 노력이나 적어도 본인이 한 기업의 방 향을 주도할 수 있는 위치에 있어야 가능한 것이다. 이제 입사하기 위해 자기소개서를 써야 하는 사람이 쓸만한 말이나 주장을 해야 한다.

> **사례**
>
> 글로벌기업으로 거듭나고 있는 ○○○○은 미래에 대한 높은 혜안을 통해 눈부신 기술 개발과 실사구시에 입각한 현실 적용을 통해 초격 차 시대를 선도하게 될 것이며, 제가 그 가운데 서서 소비자에게 신뢰 받는 기업으로 자리매김하도록 힘쓰겠습니다.

위의 서술 내용은 한 기업의 CEO가 신년 계획을 수립한 후 임 직원에게 보내는 경영방침이다. 이제 막 기업에 지원하는 사람이 쓸 내용이 아니다. 신입 사원으로 포부를 밝히는 것은 나쁘지 않지 만, 자기의 처지와 위치를 망각한 서술은 좋지 않다. 대기업 집단 의 총수가 할 수 있는 말을 이제 신입 사원으로 지원한 사람이 할 때 이를 받아들일 수 있는 사람이 있을까? 신뢰의 문제와 더불어 인재를 선택해야 하는 인사과 담당자에게 전혀 설득력이 없을 것 이다. 미사여구가 남발되고 구체적인 실체가 없는 문장으로 포장된 자기소개서가 어떤 가치가 있을까? 지원자의 자기소개서를 보는 담당자에게 신뢰감을 주지 못하여 설득할 수 없을 것이다.

그러면 어떻게 할 것인가? 자기소개서는 인사 부서의 담당자나 새로운 인재가 필요한 해당 부서의 직원이 먼저 검토한다. 이들은 지원자의 많은 자기소개서를 직접 보고 난 후 서로의 의견을 나누면서 1차 관문 통과자를 선발한다. 1차에서 지원 부서의 담당자는 자신의 업무를 함께할 사람을 뽑기에 직무능력의 여부를 신중히 판단할 것이다.

지원자는 입사한 후 직속 후배 사원이 되었을 때 해야 할 일을 자기소개서에 서술하면 된다. 간단해 보이지만 쉽지 않은 일이다. 필수적으로 지원자는 해당 기업의 홈페이지를 적극적으로 활용해야 한다. 기업의 미래 비전이나 해야 할 과업에 대한 이해를 위해서라도 홈페이지 방문은 일상사여야 한다. 특히 자신이 근무하길 원하는 부서의 과업에 대해 언제 어디서 어떤 물음을 받아도 바로 나올 수 있도록 숙지해야 한다. 회사는 달라도 지원자가 원하는 부서는 대체로 비슷할 것이다. 4~5 직군의 부서를 중심으로 업무를 숙지한 후 이를 바탕으로 훈련하는 것이 필수다.

그렇다면 부서 담당자 아니 지원자의 선배 사원이 될 담당자가 좋아하는 자기소개서는 어떤 것이고 어떻게 서술해야 할까? 그를 선배 사원으로 만나기 위해 무엇을 서술해야 할까? 그가 바라고 원하는 것을 서술하는 것이다. 그의 입장이 되어보라. 그는 엄청난 격무에 시달리고 있다. 기업들 대부분은 최소의 비용으로 최대의 효율을 얻으려 한다. 자신을 도와줄 사람을 절실히 찾고 있을 것이다. 여기까지가 부서 담당자로서 기본적으로 갖는 생각이다.

다음은 어떨까? 위계에 따른 상하관계를 엄격히 따지는 곳이 직장이다. 부서 담당자는 동료가 될 후배 사원이 자신의 지시나 명령에 잘 따르고, 해야 할 과업을 성실히 할 사람을 원할 것이다. 자기소개서의 1차 관문을 통과하기 위해 부서 담당자가 원하는 다음과 같은 내용을 서술해야 한다.

> **사례**
>
> - 부서의 과업과 관련하여 즉각적으로 활용할 수 있는 지식이나 능력
> - 부서의 과업에 대한 깊이 있는 이해와 활용할 수 있는 능력
> - 부서 구성원들과의 원활한 인간관계 형성 능력
> - 부서의 과업을 진행할 때 보여줄 수 있는 협력적 사고방식
> - 부서 과업과 관련된 협업 능력과 솔선수범의 사고

당연한 것을 토대로 자기소개서를 써라.
그러면 반드시 불합격할 것이다.

당연한 이야기는 무엇일까? 그것은 '일상사와 관련된 사실들을 있는 그대로 나열하는 것'은 '당연한 이야기'의 범주에 속할 것이다.

> **사례**
>
> "능동적으로 담당할 업무와 관련된 지식과 정보를 파악하고, 적극적으로 활용할 수 있도록 노력하겠습니다."
>
> "제가 맡은 과업에 대한 전문성을 신장하기 위해 노력하겠습니다."
>
> "회사의 업무와 관련되어 대학원 진학을 통해 광범위한 지식과 업무 능력이 향상될 수 있도록 힘을 쓰겠습니다.
>
> "입사하는 순간부터 회사의 발전을 이해 불철주야 노력을 다하겠습니다."
>
> "업무 진행에 필수적인 지식을 습득할 수 있도록 노력하여 업무 역량을 높이겠습니다."

위의 서술은 당연한 내용이기 때문에 자기소개서에 새삼 서술할 필요가 없다. 입사를 위한 자기소개서에 들어갈 내용은 위의 것이 아니라 오히려 자신의 역량과 관련한 내용이다. 무엇을 위해 어떻게, 무엇을 해왔고, 그것이 일정 정도 성과를 거두어 좋은 평가를 받았다는 것을 서술해야 한다. 위에서 서술한 각오나 마음가짐은 입사하기 이전부터 당연히 갖추어야 하는 소양이며, 이는 모든 지원자에게 해당하는 것이다.

당연한 이야기를 서술하면 지원자들이 자기소개서에 반드시 서술해야 할 내용들이 제외될 수밖에 없다. 그래서 압축적이고 정제된 내용들로 구성해야 한다. 자기를 분명하게 어필하면서도 확실하게 판단하게 하는 내용으로 채워야 한다. 문제는 이것이 쉽지 않다. 그렇기에 지원자 여러분은 이 책을 보고 있다. 어떻게 자기소개서를 구성할 것인가? 자기소개서 쓰기의 왕도는 없다. 하나하나씩 익히면서 첨삭 받고 재서술하면서 감각과 능력을 키울 수밖에 없다.

> **사례**
>
> "영미권 국가와의 교역이 제가 지원한 부서의 주된 업무입니다. 담당할 업무를 원활히 수행하기 위해 외국어, 특히 영어와 스페인어와 관련되어 높은 수준의 회화 능력을 갖추고 있습니다. OOO 기업의 해외 인턴십 6개월, 대학 2학년 교환학생 1년, 고교 2학년 때 미국 국무부 초청 유학 1년 등 2년 6개월 미국에서 생활했습니다. 그리고 업무와 직결된 무역 영어 관련 자격증 OOOO을 취득하였고, 이를 바탕으로 해당 분야 기업에서 1년의 인턴 과정을 거쳤습니다."

당연한 이야기가 아니라 위의 자소서처럼 업무와 관련하여 '지원자가 무엇을 할 수 있는지, 어떤 경력이 있고, 어떤 능력을 갖추고 있는가'를 분명하게 써야 한다. 그래야만 부서 담당자를 설득할 수 있고, 자기소개서 1차 관문을 통과할 수 있을 것이다. 이 과정에서 부정적인 뉘앙스를 가져올 내용은 서술하지 않아야 한다. 이때 자신이 무엇을 할 수 있고, 어떤 능력이 있으며, 그러한 능력을 갖추기 위해 어떤 노력을 해왔는가를 구체적이면서도 알기 쉽게 적절히 설명하면 된다.

자기소개서에 강점을 한 번에 나열하여 서술하라.
그러면 반드시 불합격할 것이다.

인간의 기억 능력은 그렇게 뛰어나지 않다. 물론 뛰어난 기억 능력을 갖춘 사람도 있지만 대부분 거의 비슷하다. 하나의 영역에만 자신의 수월성을 몰빵하여 기록할 경우 다른 영역의 부실함으로 좋은 평가를 받기 어렵다. 또한 어느 한 영역에만 지원자의 자질을 서술하고 나머지 영역에 작성하지 않을 때, 그 영역에 할당된 점수를 얻을 수 없다. 합격이 거의 불가능하게 된다. 그러면 어떻게 할 것인가? 자신의 장점과 자질을 각 영역으로 나누어 서술해야 한다. 특히 영역별로 장점이나 자질이라 생각하는 내용들이 서로 다를 수 있다. 상황에 맞게 재구성하여 서술해야 함은 당연하다.

그러나 많은 지원자가 장점이나 강점을 백화점식 나열을 택한다. 다른 지원자보다 더 돋보이고 싶기 때문이다. 그래서 자신의 강점을 자기소개서의 첫머리부터 끝날 때까지 이어서 서술하게 된다. 이해는 되지만 이렇게 나열할 경우 어느 부분에 임팩트를 주어 평가해야 할지 모르게 된다. 자기소개서에 서술된 내용 자체가 강점이나 장점에 대한 것이기 때문이다.

자기소개서에서 중요한 것은 강점/장점이 다양하고 많이 서술하는 것이 아니다. 업무와 관련한 장점과 강점이 중요하다. 업무와 직결된 장점을 중심으로 서술해야 한다. 설혹 그것이 하나밖에 없을지라도 어떻게 하면 그 강점을 돋보이게 하려고 주력해야 한다. 즉, 자신이 가진 최고의 역량을 중심으로 평가자를 확 끌어당겨 어필해야 한다. 지원자는 자신이 지원할 기업이나 부서의 업무에 대한 일상적인 내용을 중심으로 자기 자질이나 역량을 차분하게 정리해야 한다.

추상적으로 문장으로 표현하여 작성하라.
그러면 반드시 불합격할 것이다.
추상적으로 서술하는 것은 '자신 없다'는 표현이다. 자기가 서술하는 내용을 확신하지 못하는 것이다. 확신이 없기에 왜 이 내용을 쓰고 있는지 알지 못한다. 그래서 추상적이고 애매모호하게 문장을 끝내는 것이다. 이 경우 부서 담당자는 다음과 같이 생각할 것이다.

사례

- 지원자는 이 업무에 대해 제대로 알고 있지 못하네. 왜 이렇게 추상적으로 표현하고 있지?
- 지원자가 이 업무를 맡게 되면 정말 제대로 할 수 있을까? 자기소개서에 서술된 내용을 보면 분명하게 이해하고 있지 못한 것 같은데, 과연 이 부서의 업무를 제대로 해낼 수 있을까?

업무담당자가 이렇게 생각하는 순간 지원자의 자기소개서는 바로 제외된다. 문장 서술의 끝맺음이 불완전하거나 애매모호하다면 지원자에 대한 평가 자체도 애매해진다. 지원자는 제대로 평가받지 못하고 1차 관문에서 바로 탈락할 것이다.

추상적 표현은 다양한 해석이 가능하다. 자기소개서에는 여러 형태나 내용으로 해석할 수 있는 문장을 사용하지 않는 것이 좋다. '무엇을 한다./하지 못한다.'라는 긍정/부정의 의미가 확실한 문장을 사용해야 한다. 중의적 해석이 가능하다는 것은 자기소개서를 읽는 사람이 자의적으로 판단할 여지를 남겨논 것이다. 자기소개서에 다양하게 해석될 수 있는 문장 사용은 자제해야 한다. 보다 객관적으로, 보다 구체적으로 자기소개서를 작성해야 한다.

그래야 부서 담당자가 1차 관문에서 지원자가 가진 자질이나 능력, 품성을 객관적으로 판단하여 통과시킬 수 있다.

능력과 역량을 직접적으로 서술하라.
그러면 반드시 불합격할 것이다.

과도한 자신감은 때때로 오만이나 거만함으로 보일 수 있다. 자신감이 있는 것과 노골적으로 자기 능력이나 자질이 이 정도이니까 당신 회사에서 나를 선택하지 않으면 손해를 볼 것이라는 오만은 다른 것이다. 자기소개서를 처음 접하는 업무담당자는 과도하게 자신감을 표출하고 있는 자기소개서에 오히려 '건방지고 앞뒤 재지 못하고 너무 앞서 나간다'라는 반감을 갖게 된다. 이러한 자기소개서는 지원자에게 백해무익한 것이다.

지원자가 자기소개서에 서술하는 역량은 대체로 여덟 가지 정도로 요약할 수 있는데 문제 해결 능력, 의사소통 능력, 과업 기획 능력, 전략적 사고, 분석 능력, 협상 능력, 개인적 자질(성실성, 인내심, 끈기), 리더십(책임감 포함) 등이 있다.

문제 해결 능력을 중심으로 작성해 보자. '나는 ~능력과 자질이 있다.'라고 직접적으로 서술할 경우 그 능력과 자질에 대한 근거나 이유를 제시하기 어렵다. 과업이나 현재 혹은 과거에 진행했던 프로젝트로 자신의 능력과 자질을 간접적으로 표출하는 것이 바람직하다.

"2012년 타국에 거주하는 6개국(가나, 리투아니아, 호주, 태국, 미국, 콜롬비아)의 학생들과 SNS로 비즈니스 플랜을 수립했습니다. 이때 인터넷으로만 대화하다 보니 서로에 대한 불신의 벽이 생겼습니다. 그러나 3%의 언어, 상대방을 알고 이해하는 97%의 비언어적 관계 맺기가 중요하다고 생각했고 팀원들 나라의 유머, 유행 등을 조사해 공유했습니다. 그 결과 팀 분위기가 밝아져 서로 친구가 되었고, A학점 성적의 리포트를 만들 수 있었습니다. 입사한다면, 상대방의 감정을 읽고 조금 더 생각할 수 있었던 지난 경험을 바탕으로 협업 활동의 윤활유 역할을 하겠습니다."

위의 자기소개서는 자신만의 경험을 바탕으로 강점이나 자질이 드러날 수 있도록 서술하고 있다. 자질과 능력을 발휘한 결과까지 서술하여 객관성을 담보했다. 이렇게 서술하여 평가자의 신뢰를 얻을 수 있다.

정치적, 종교적 성향을 확연히 드러내라.

그러면 반드시 불합격할 것이다.

사람마다 좋아하거나 싫어하는 스타일이 있으며, 그것은 하나의 개인적 성향일 뿐이다. 그런데 지원자가 서술하는 자기소개서에 이러한 성향을 여과하지 않고 그대로 드러내는 것은 좋지 않다. 평가자가 싫어하거나 기피하고 싶은 성향일 수 있기 때문이다. 일부러 좋음과 싫음의 경계에 놓일 필요는 없다. 자기소개서에 이러한 개인적 취향이나 경향을 서술하려는 지원자는 없지만, 은연중에 드러나도록 서술하는 경우가 있다. 이러한 상황은 반드시 피해야 한다. 아예 생각조차 하지 말라고 강력히 권고하고 싶다.

[불합격 자기소개서 사례]

1. 지원분야와 관련된 본인의 보유 역량을 기술하시오. 〈500자〉

〈핵심 역량〉

저의 첫 번째 핵심 역량은 전문성입니다. 평소에 경영, 경제, 회계를 계속해서 공부해왔습니다. 이러한 직무와 관련된 지식을 전문화시키기 위하여 꾸준히 자격증 취득에 매진해왔고, 결과가 좋았습니다. 다양한 자격증은 업무를 배우고, 문제를 해결해 나가는 데 있어서 많은 도움이 될 것입니다.

두 번째는 꼼꼼함입니다. 많은 사회 경험을 통해 다양한 일을 배워오며 가르침에 대해 메모하는 습관을 가졌습니다. 누군가는 번거로운 작업이라고 생각할 수 있지만 메모하는 습관으로 꼼꼼하다는 소리를 주변에서 많이 들어왔고, 제가 업무를 깜빡하거나 잊을 일은 0에 수렴하였습니다.

마지막 역량을 경제 용어로 설명하자면 탄력성이 낮은 사람입니다. 어떠한 급변화와 외부의 방해요소가 있을지라도 항상 긍정적인 사고와 강인한 멘탈을 소유하고 있기에 나 자신의 외부 요소 탄력성이 낮은 인재입니다. ○○○에 입사해 이러한 핵심 역량을 이용해 빠르게 적응하는 사원이 될 것을 약속드립니다.

자기소개서에 대한 조언

전체 내용을 표현하는 도입부로 〈핵심 역량〉은 너무 상투적이다. 채용담당자의 시선을 끌기에 부족하다. 속칭 영혼이 없는 도입부 같다.

전문성과 꼼꼼함, 강인한 멘탈을 자신의 보유 역량을 설명했다. 너무 많은 항목을 쓰고 있다. '다양한 자격증'과 '많은 사회경험', '긍정적인 사고와 강인한 멘탈' 등의 두루뭉술한 추상적 표현이 여러 번 나온다. 자신이 경험한 구체적인 경험을 써야 한다.

자소서는 분량이 있다. 첫째, 둘째, 셋째로 쓰다보면 내용이 추상적으로 쓸 수 밖에 없다. 가장 좋은 것은 업무와 관련한 전문적 역량을 강화한 사례를 자세하게 쓰는 것이다. 두 번째는 직장생활보다 학교 공부에 맞다는 생각이 든다. 꼼꼼함은 삭제해야 한다.

업무와 관련하여 '상황에 휘둘리지 않는 비탄력성'은 의미가 있다. 다른 것은 다 삭제하고 비탄력성을 발휘한 경험을 부각시키는 것이 훨씬 좋은 자소서가 될 것이다.

2. 자신의 생각이나 의견을 통해 상대방을 성공적으로 설득했던 경험을 상황·행동·결과 중심으로 구체적으로 기술하시오. 〈500자〉

〈봉사활동을 통한 재능기부〉
1)작은 변화로부터 창의력이 시작되고, 조직의 발전을 이룰 수 있다고 생각합니다. 짧은 시간이었지만 지역아동센터에서 판매 수익을 통해 어려운 아이들을 도와주는 바자회 행사에도 적극적으로 참여했습니다. 2)지역주민들은 싼값에 필요한 물건을 살 수 있고, 그 수익의 일부를 기부할 수 있다는 것은 제게 큰 보람으로 다가왔습니다.

제가 판매를 담당한 물건은 에코백이었는데, 첫날 다른 물건에 비해 판매가 많이 저조하였습니다. 그래서 다시 물건을 확인해 보니 무늬가 없고, 단조로운 물건만 있었습니다. 저는 담당 선생님께 부탁해 지역아동센터 아이들과 같이 3)리폼을 해 판매를 하면 더 의미 있고, 소비자의 구매 욕구를 불러일으킬 수 있다고 생각했습니다. 그 결과 에코백이 센터 아이들과 함께한 물건이라는 의미성을 가지게 되었고, 4)이를 어필하여 소비자의 이목을 집중시켰습니다. 바자회 활동은 경영 지식과 봉사활동을 위한 마음이 어우러진 특별한 경험입니다.

자기소개서에 대한 조언

'봉사활동을 통한 재능기부'는 너무 교과서적이고 밋밋하다. 매력적인 문구로 만들어야 한다.

1) 첫 문장은 그냥 폼으로 쓰는 것이 아니다. 앞으로 내가 이런 이야기를 하겠다는 결론이다. 글쓴이에게는 첫 문장을 끝까지 설명해야 하는 책임이 있다. 창의력으로 조직의 발전을 가져왔다는 내용이 들어있어야 한다. 첫 문장과 전체적인 내용이 서로 연결이 안된다.

2)는 삭제해야 한다. 바자회의 의미를 다시 부연하는 군더더기다. 500자로 글을 써야 한다. 압축적으로 자신의 생각을 드러내야 하기에 누구나 알 수 있는 사실은 쓰지 말자.

3)리폼을 어떻게 했는지가 창의력을 발휘한 경험이다. 이 부분을 쓰려면 다른 문장을 삭제하고 압축하여야 가능하다.

4)소비자의 이목을 집중시킨 것이 아니라 판매가 되었는지가 중요하다. 에코백이 팔려서 얼마만큼의 이익을 얻었다는 내용을 써야 한다.

3. 최근 5년 내에 직면했던 삶의 어려움이 무엇이었으며, 그것을 어떻게 극복하였는지 기술하시오. 〈500자〉

〈태도 변화로 인한 성장〉

어떤 기업의 1) 마케팅, 유통, 경영 전략 등을 조사하고, 그 기업이 앞으로 성장할 방향과 비전을 제시하는 것이 목표인 팀 프로젝트를 자주 경험하며 성장했습니다. 프로젝트 초기에는 구성원들과 어색하고, 낯을 가려 소극적인 태도로 회의에 임했습니다. 하지만 몇 번 경험하다 보니 처음부터 나서서 주도하고, 분위기를 좋게 만드는 것이 저와 제 팀원들에게도 좋은 결과를 가져다줄 확률이 높다는 것을 알았습니다.

이후에는 처음부터 2) 리더의 역할을 자주 맡아 팀원들에게 역할을 분배하고, 많은 사람이 꺼리는 발표를 하겠다고 자처하는 등 적극적인 태도로 팀 프로젝트에 임했습니다. 물론 리더가 된다고 해서 많은 권력을 쥐었다고 생각하지 않고, 구성원들 간의 의사소통을 통해 불평을 줄이는 리더가 되기 위해 노력했습니다. 이러한 다른 사람들과의 협업할 때의 제 마인드로 인해 최우수팀에게만 수여하는 Best Team Player 상을 두 번이나 받게 되었습니다.

자기소개서에 대한 조언

1) 대학생이 프로젝트로 조사하기에는 너무 광범위한 주제다. "○○기업의 TV판매 마케팅 사례를 연구하는 논문 프로젝트를 했던 적이 있습니다."로 압축해야 한다. 또한 프로젝트를 자주 경험했다는 것은 부실하다는 생각이 든다. 2) 너무 교과서적이다. 역할 분배와 발표, 의사소통, 협업을 구체적인 사례로 드러내야 한다.

자소서를 읽는 담당자는 이 사람이 우리 회사에 입사해 '새로운 업무에 적응할 수 있는 능력이 있는가?'를 알고자 한다. 취업준비생은 자신의 경험을 바탕으로 업무담당자가 자신의 능력을 파악할 수 있도록 자소서를 써야 한다.

4. 직무수행을 통하여 문제해결능력을 발휘한 경험이 있으면 기술하시오. 〈500자〉

1) 〈주인의식 통한 업그레이드〉
저는 많은 아르바이트를 통해 사회를 이해하기 시작하였습니다. 제가 카페에서 근무할 때, 아파트 단지에 있었지만 규모가 작고 입소문이 나지 않아 매출이 저조한 실적에 일을 시작하였습니다. 매출이 나지 않는 이유를 분석해 보니, 메뉴의 단조로움과 맛에 대한 전문성 부족이라는 결과가 나왔습니다. 이러한 문제점들을 사장님께 말씀드린 후, 더운 여름에는 메뉴에 없던 팥빙수를 제가 유명 브랜드점을 벤치마킹하여 팔기도 하였고, 커피와 어울리는 케이크도 직접 입고 받아 판매하였습니다.

또한 2) 전문성 부족이라고 느낀 부분에 대해서 손님들의 피드백을 받아 입맛에 맞추려고 노력하였습니다. 그 결과, 제가 일했던 그해 여름에는 매출이 작년보다 두 배 정도 오르는 결과를 가져왔습니다. 3) 후에 학업에 집중하고자 일을 그만둘 때도 사장님께서 정말 안타까워하시며 저에게 많은 고마움을 표하셨습니다. 위의 경험같이 항상 주인의식을 가지고 업무에 임하는 사원이 될 것을 약속드립니다.

자기소개서에 대한 조언

1) 읽고 싶은 호기심이 생긴다. 글의 전체 내용과 가장 잘 들어 맞는 제목이다. 앞의 1. 2. 3.도 이렇게 썼으면 좋겠다.

2) 손님들에게 어떤 피드백을 받았을지 궁금하다. 전문성을 살리게 된 구체적인 사례를 썼으면 더 좋은 자기소개서가 되겠다. 좀 더 설명이 필요한 내용이다.

3) 취업과 관련하여 불필요한 내용이다. 삭제해야 한다고 생각한다. 서두의 '주인의식을 통한 업그레이드'와 어울리지 않는 글이다. 이 부분으로 인해 2)의 내용을 좀 더 자세하게 설명할 수 없게 되었다. 과감하게 삭제하고 손님에게 피드백 받아 업그레이드 시킨 경험을 말해보자. 맨 끝에 '약속드립니다.'는 너무 진부하다. 쓰지 말자. 커다란 감점 요인이다.

5. 직장인으로서 직업윤리가 왜 중요한지 본인의 가치관을 중심으로 설명하시오. 〈500자〉

〈청렴과 책임의식〉
○○○의 직원으로서 지녀야 할 많은 직업윤리가 있지만, 평소 가장 중요하다고 생각해왔던 가치관은 1)청렴과 책임의식입니다. 2)공사는 지속 가능한 ○○○를 위해 도시 가치를 창조하고 선도하는 기관이

고, 이를 위해서는 ○○○의 발전을 위해 봉사하는 정신이 필요하다고 생각합니다.

먼저 시민의 행복과 복리의 증진을 위해 존재하는 기업인 만큼 항상 거짓이 없는 투명한 자료를 제공하고, 소통과 협력을 하는 것은 직원으로서 최우선의 과제라고 생각합니다. 이러한 ○○○를 위해 헌신하는 마음은 정직성에 포함되어 있다고 생각하고, 업무에 임할 것을 약속드립니다.

3)두 번째는 책임의식입니다. 공직자는 국민의 대표라고 생각합니다. 따라서 국민들이 원하는 바와 니즈를 항상 연구하고, 충족시켜주어야 할 의무가 있다고 생각합니다. 이는 직무 내에서 업무를 성실히 수행하는 것이 시작이라고 생각하고, 작은 부분부터 책임감을 갖고 나아갈 것을 약속드립니다.

자기소개서에 대한 조언

청렴은 취업준비생이 쓸 내용은 아니라고 생각한다. 회사에 입사한 상황이라면 청렴을 말해도 되지만 입사도 하지않은 취업준비생이 쓰기에는 어울리지 않는 항목이다. 책임의식만을 선택했다면 구체적인 사례를 들어 편하게 쓸 수 있었을 것이다.

1)과 2)는 내용이 서로 연결이 안 된다. 청렴과 책임의식을 말하고 나서 지속가능함과 봉사하는 정신을 말하고 있다. 읽는 사람이 고개를 갸우뚱 할 것 같다. 청렴과 책임의식과 관련된 내용으로 자

기소개서를 채워야 하는데 갑작스런 지속가능과 봉사는 생뚱맞다.

3)의 내용은 취업준비생이 써야 할 내용이 아니다. 전형적인 CEO의 관점으로 작성한 자소서다.

6. 우리 ○○○에 가장 부합된다고 판단되는 인재상을 기술하시오.(○○○가 정한 획일화된 인재상은 없습니다. 본인이 생각하는 인재상을 기술해 주십시오.)

〈끝없는 정진〉

인생의 목표이자 가치관인 창조인, 열정인, 도전인이 ○○○의 인재상과 가깝다고 생각합니다. 이 세 가지는 제가 살면서 계속해서 추구하고 달성하기 위해 노력하는 부분입니다. 정답과 끝이 없다고 생각하는 분야이기 때문에 아직까지는 부합한다고 생각하지 않지만 최근에는 행정, 사무 직무에 대한 욕심과 동기부여, 꿈을 가지게 되면서 열정인과 도전인의 특징에 가까워지려 정진하고 있습니다.

항상 어떻게 하면 내가 가진 직무능력과 지식을 전문화 시킬 수 있을까 생각 해왔습니다. 이러한 생각은 여러 자격증 시험에 도전하여 전문화시키기 어려운 전공에 대해 내보일 수 있는 무언가를 만들자는 생각으로 다가왔습니다. 작년부터 집중적으로 자격증 취득에 노력을 하였고, 특히 경영, 회계 과목은 제가 앞으로 더 즐기며 오래 할 수 있을 것이라는 생각이 들어 난도가 높은 자격증에도 항상 도전하고 있습니다. 또한 입사 후에도 자기 발전과 노력을 게을리하지 않고, 항상 움직이는 사원이 되겠습니다.

〈끝없는 정진〉과 창조인, 열정인, 도전인은 어떤 관계가 있는가? 연결이 잘 안된다. 창조인, 열정인, 도전인을 자신의 인생 목표이자 가치라고 말했는데 전체적인 내용에서 이를 찾아볼 수 없다.

자격증 취득을 도전으로 볼 수 있을까? 대한민국에서 취업을 준비하는 사람 중에 자격증 없는 사람이 몇 명이나 될까? 기본적인 스펙쌓기를 도전으로 생각한다면 커다란 오판이다.

전문화라는 의미를 잘못 파악하고 있다. 전문화는 전공과 자격증을 말하는 것이 아니다. 프로젝트와 대회, 논문 등을 쓸 때 자신의 부족함으로 한계에 부딪힐 때가 있다. 이 부족함을 채우기 위해 노력하는 공부와 활동 등이 전문화다. 기본적으로 해야 하는 일을 전문화로 착각해서는 안된다.

자기소개서, 이렇게 쓰면 합격한다,
반드시 포함해야 할 자기소개서 서술 내러티브 일곱 가지

　자기소개서에 반드시 포함해야 할 내러티브는 무엇일까? 자기를 효과적으로 소개하려면 어떻게 해야 할까? 많은 지원자가 궁금해하고, 알고 싶은 것인데 확실하게 알고 있는 사람은 그렇게 많지 않다. 다음에 소개하는 서술이 자기소개서에 반드시 포함해야 할 내용이다.

	합격하는 자기소개서에 포함된 내용들
1	가치 있는 경험을 발굴하라.
2	사회적 책임과 관련된 경험 콘텐츠를 서술하라.
3	맡고자 하는 직무에 대한 심층적 이해를 서술하라.
4	맡아야 할 업무와 관련된 핵심 역량을 서술하라.
5	함께 근무하고 싶은 마음이 들도록 서술하라.
6	자기소개서 항목마다 매력적인 소제목을 첨가하라.
7	체크리스트를 적극적으로 활용하여 실수를 줄여라.

가치 있는 경험을 발굴하라

'가치 있는 경험'의 의미

자기소개서를 쓸 때 '가치 있다.'는 것은 행위와 관련된다. 어떤 행위가 사람들 사이에서 중요하게 취급되는 경우 그 행위는 가치 있다고 해석한다.

누구나 가치 있는 행위를 하고 싶고 당연히 그렇게 되기를 원한다. 그러나 모든 행위가 가치 있는 것만은 아닐 것이다. 어떤 사람이 특정 행위를 가치 있다고 생각했어도 가치 없을 수도 있으며, 가치의 유무를 떠나 판단하는 사람에 따라 가치가 달라질 수 있다. 지원자가 가치 있다고 서술한 것이 담당자에게 가치 없을 수도 있다.

사례

"캐나다 교환학생 시절 비즈니스 프로젝트로 4명의 학생들과 더불어 'Infinity Nectar'라는 주스 체인점을 차릴 것을 계획하였습니다. 반짝이는 아이디어가 나온 것에 비하여 팀워크는 쉽지 않았습니다. 홍콩인, 영국계 캐나다인, 인디언, 카자흐스탄인 그리고 저로 이루어진 팀은 서로 성향이 달라도 너무 달랐고 의견 대립으로 인한 갈등이 심각해졌습니다.

팀의 리더였던 친구는 재무 회계 파트를 준비하느라 정신이 없었고 카자흐스탄 친구가 팀 모임에 무단 불참하기 시작하자 이대로는 안 되겠다 싶어 매일 한 명씩 만나 팀워크 아닌 팀워크를 진행하였습니다. 서로 협조하지 않았기 때문에 각자가 한 부분들을 제가 정리하고 설명을 붙여 google.doc이라는 동시 문서 수정 프로그램에 올리고 서로 조금이라도 친해지길 바라는 마음으로 페이스북 그룹을 만들어 서로에 관해 알도록 하였습니다.

제가 애쓰는 모습이 안타까워서인지 다시 정기적으로 모여 프로젝트를 진행하게 되었고 그 결과 저희는 A를 받는 리포트를 만들 수 있었습니다. 그 후 저는 다면 평가에서 동료들이 갈등관리를 위한 의사소통 능력 또는 어려움 극복 및 실행력, 고난 상황을 극복하기 위한 강력한 기획 및 추진 능력이 있다고 인정받게 되었습니다. 또한 팀원 모두에게 '동료로서 공정하다.', '합리적이고 성실하다.'라는 평가를 얻었습니다. 다양한 민족으로 구성된 팀이라 다른 점이 많았는데 제가 화가 날 법한 팀 분위기에 감정을 배제하고 공정한 자세로 설득하고 합리적이고 상승할 수 있도록 절충을 통해 팀원들을 성실히 보조했다는 것이었습니다."

위의 자소서에서 보듯이 가치 있다는 평가는 사람마다 다를 수 있다. 추구하는 바가 서로 다르기 때문이다. 그래서 사람들은 가치에 대해 쉽게 합의하지 못한다. 결국 최소 수준의 합의를 바탕으로 사람들은 어떤 것이 가치가 있다고 결론을 내리곤 한다. 그런데 가치 있다라는 평가에서 모두가 인정하는 다음과 같은 공통 내용이 있다.

- 우리 사회에 만연해 있는 인습적 관행을 극복하기 위해 새로운 관점에서 과업을 진행하는 행위
- 자신이 옳다고 하는 일에 대해 강한 신념을 바탕으로 끈기 있게 인내심을 갖고 과업을 추진하는 행위
- 현재 발생한 여러 문제 상황을 극복하기 위해 용기를 갖고 과감하고 결단력 있게 과업을 진행하는 행위
- 암담한 현실에서 벗어나기 위해 새로운 비전으로 일관성 있게 도전하고 과업의 완수를 위해 노력하는 행위

위에서 보듯이 기업이 원하는 '가치 있음'의 영역은 새로운 시도 혹은 문제 상황 극복을 위한 용기, 일을 추진하려는 강력한 결단력 등으로 표현된다. 이러한 측면에서 당신의 경험을 가치 있음의 영역으로 재규정해야 한다. 위에서 제시된 자기소개서의 사례에서 어려움은 하나의 에피소드와 같은 것이며 지원자가 서술한 부분을 통해 판단하자면, 위기와 고난을 극복하려는 의지나 소통이 되지 않는 팀원들을 배려하기 위한 유연한 사고 등이 돋보인다. 또한 문제 해결을 위한 구체적인 대안까지 제시하고 있다. 실무 담당자가 좋아할 수 있는 내러티브의 조건을 충분히 갖추고 있다. 아주 작은 부분이지만 지원자가 직접 자신이 할 수 있는 일을 찾아 하나씩 차분하게 해결하고 있다는 점에서 좋은 평가를 받을 수 있다.

다음으로 경험은 두 부분으로 나눌 수 있다. 말 그대로 경험과 사건으로 나뉘는데 미국으로 교환학생은 경험, 교환학생의 과정

에서 있었던 의미 있는 이야기는 사건으로 규정할 수 있다. 위에서 제시한 사례에서 캐나다 소재 대학에 교환학생으로 간 것은 경험이다. 이 경험이 의미 있는 가치를 지니려면 지원자가 했던 과업이 가치가 있어야 한다. 스스로 생각해서 그것이 가치 있는가를 먼저 판단해야 한다. 리더십을 발휘하여 팀원들이 상호 만족할 만한 방안을 구안해 냈고, 이를 바탕으로 주어진 과업을 성공적으로 수행할 수 있었다는 스토리는 사건이다. 경험과 사건이 결합하여 하나의 내러티브를 구성하는데, 이때 주의할 내용은 이 두 가지 모두 '가치 있다.'라는 범주에 있어야 한다는 것이다.

직업은 단순히 생계유지를 위한 수단이나 방편일 수는 없다. 일반적으로 한 인간이 독립적인 삶을 꾸려나가기 위해 경제적으로 보상받으며 행하는 자발적이고 지속적인 일 또는 활동이다. 그것을 통해 사람들은 타인과 관계를 맺고, 사회적 존재로서 삶을 영위한다. 자아실현의 가능성을 추구하며, 설정한 삶의 목표를 구현한다. 이렇게 직업을 통해 어떤 한 인간의 정체성, 자존감, 인격 등이 형성되며, 이 과정에서 '가치 있는 경험'도 가능해진다.

우리는 왜 늘 가치와 의미 있는 경험을 말하는가? 지원자가 근무할 직장의 환경과 맡겨진 업무는 만만치 않기 때문이다. 처음 접하는 환경에서 누구나 실수하고, 업무를 잘못 이해하여 문제가 발생할 수도 있다. 업무담당자인 선배 사원은 자기소개서에 서술된 '가치 있는 경험'을 읽고 나서 지원자를 개괄적으로 판단할 수 있다. 엄혹한 환경에 제대로 적응할 수 있는지, 변화되는 상황에 따라 유연하게 대응할 수 있는지, 적응의 과정에서 자기 삶의 가치를 추구할 수 있는지를 판단한다. 그래서 지원자가 자기소개서에 서술할 '가치 있는 경험'은 그 자체로 합격 여부에 중요한 기준이 될 수 있다.

사회적 책임과 관련된 경험 콘텐츠를 서술하라.

사회적 책임이라고 한다면, 공공선의 증진이나 공익에 대한 기여를 의미한다. 그러나 많은 기업에서 신입 사원을 선발할 때 지원자가 이러한 경험했으리라 생각하지는 않는다. 길을 가다가 우연히 화재를 목격한 후 뛰어들어 인명을 구조하거나, 쓰러져 있는 사람에게 CPR을 시행해 응급조치하는 상황 등은 매우 어렵기 때문이다. 그래서 관점을 바꿔 사회적 책임을 생각해야 한다.

사회적 책임이란 재학 중 실행했던 활동이 공적인 영역의 확장이나 사회적 책무와 부합하는 내용인가에 대한 판단이다. 사회적 책임이라고 너무 거창하거나 화려할 필요는 없다. 아주 작은 행위라도 그것이 공익과 관련되거나 사회적 책임의 확장과 관련된다면 좋은 경험이다.

"OO 편의점에서 아르바이트할 때였습니다. 지하철역 근처에 있는 곳이라서 유동 인구가 상당히 많았습니다. 오후에 출근할 때마다 노숙자들의 모습을 볼 수 있었습니다. 어느 날 초등학생이 편의점 문구코너에 있는 돼지저금통을 구매했습니다. 그리고 한 달 정도 지난 후 그 학생이 다시 와서 돼지저금통을 구매했습니다. 돼지저금통을 연달아 구매하는 경우는 그렇게 많지 않아 물어보았습니다. 그 초등학생이 학급 학생 전부가 한 달 동안 노숙자를 위한 비용을 모아 기부하기로 하였고, 자기가 학급 반장이라서 저금통을 구매하고 있다고 말했습니다. 그래서 편의점 사장님과 건의하여 기한이 거의 되었지만, 충분히 먹을 수 있는 식품류를 따로 모아 매일 근처의 노숙자들에게 전달하기로 했습니다."

편의점 아르바이트 경험을 거론할 때 대부분 책임감, 성실성, 대인관계 능력 등을 중심으로 자기소개서를 서술한다. 위의 사례는 관찰력, 도덕적 책무, 사회적 책임 등을 함께 결합한 사례다. 노숙자를 위한 기부는 휴머니즘과 동정심을 자극하는 글감이 될 수 있다. 또한 초등학생의 행동을 관심 있게 바라보고, 그 행위를 타인에 대한 배려로 확장했다는 점에서 지원자의 따뜻한 품성을 판단할 수 있다.

이러한 사회적 책임에 대한 경험을 서술해도 지원자의 핵심 역량이 그대로 드러난다. 인성과 관련된 도덕적 품성뿐만 아니라 과업과 직결된 성실성, 문제 해결 능력, 대인관계 능력, 유연한 사고, 친화력 등을 바로 파악할 수 있다. 작은 경험일지라도 그것을 어떻게 포장하고, 서술하는가는 매우 중요하다. 자신의 품성과 능력은 경험을 통해 드러난다. 지원자의 경험이 기업이 바라는 핵심 역량과 연관되어야 한다. 업무를 잘 할 수 있다는 확신이 들도록 에피소드를 서술해야 한다.

사회적 책임이라면 지원자들은 흔히 봉사활동을 떠올리기 쉽다. 봉사활동 그 자체만 말하는 것이 아니다. 이를 실행하기 위해 발휘한 기획력, 실천 능력 등의 드러난 활동을 서술해야 한다. 본인이 악기 연주 능력이 있다면 지하철역 쉼터에서 출퇴근 시간에 클래식 연주회를 분기별로 진행한 것이나 불우아동을 위해 청소년 쉼터에서 악기를 교습했다는 경험은 꽤 높이 평가될 수 있다. 물론 그것을 기획하고 지속적으로 행한 이후에 얻은 의미나 감정, 생각을 하게 되었다는 서술이 있어야 의미가 있다.

맡고자 하는 직무에 대한 심층적 이해를 서술하라.

직무에 대한 심층적인 이해는 업무를 수행하는 핵심 역량과 깊은 관련이 있다. 자신이 맡게 될 업무를 제대로 이해하지 못한다면 자기소개서의 다른 영역에 있는 지원 동기, 입사 이후 자신의 비전 등을 서술할 수 없다. 그래서 '뜬구름 잡기' 식의 내용을 서술하거나 닳고 닳은 내용으로 채울 수밖에 없게 된다. 그래서 자기소개서를 작성하는 지원자가 직무를 심층적으로 이해하는 것은 기본이다.

다양한 취업 포털을 보면 소위 '경력직 채용 공고'를 많이 소개하고 있다. 헤드헌팅 혹은 중간 관리직 채용 등의 카테고리로 분류되어 있다. 취업 준비생이기 때문에 이 카테고리에 관심 없겠지만, 오히려 자기소개서를 써야 하는 지원자는 주목해야 할 카테고리다. 이 내용을 잘 살펴보면 자신이 지원한 직무가 상세히 설명되어 있다. 직무 수행을 위해 필요한 핵심 역량에 대한 설명, 채용 이후 담당 업무에 대한 구체적인 내용 등이 있다. 그러므로 이 카테고리는 직무에 대한 이해를 확장할 뿐만 아니라 자기의 미래 비전까지 상상할 수 있다.

물론 직무를 아주 세밀하고 정확하게 알 수는 없다. 입사 이후 어떤 보직이나 직무를 맡게 될지도 모른다. 맡게 될 모든 직무의 구체적인 내용을 자세하게 알 수는 없다. 많은 기업이 보직을 순환하여 맡기는 경우가 있고, 인턴 형태로 채용하여 일정 기간 업무를 보조하게 하기도 한다. 어떤 상황이든 자신이 해야 할 직무에 대한 이해는 신입 사원으로서 갖추어야 할 자세이다.

직무를 심층적으로 이해하기 위해 가장 좋은 방법은 역시 현재 그 직무를 행하고 있는 사람에게 듣는 것이다. 해당 직무 종사자의 가까운 지인이나 친인척이라면 이것이 가능할 수 있다. 하지만 대부분의 지원자는 거의 불가능하다. 그렇다고 방법이 없는 것은 아니다.

직무를 심층적으로 이해하기 위해 다음에 관심을 둘 것을 권한다. 물론 이것이 전부는 아니다. 그리고 너무 뻔한 것이라 지원자가 무시할 수도 있다. '천리 길도 한 걸음부터'라는 속담에 귀를 기울인다면, 혹은 '돌다리도 두드린 다음 건넌다.'라는 격언이 떠오른다면 '밑져야 본전'이라는 점에서 시도할 것을 권한다.

- 헤드 헌팅 업체의 구직자 가이드를 참고하라.
- 회사의 SNS을 주목하라.
- 취업 포털의 현직자 인터뷰를 참고하라.
- 지원 회사의 홈페이지에서 직무와 관련된 카테고리를 찾아 분석하라.
- 해당 기업의 상품이나 서비스를 사용해보라.

위의 것들은 모든 지원자가 일상적으로 하고 있다고 믿는 것이다. 정말 그런가? 직무에 대한 심층적 이해라는 것은 위의 다섯 가지를 교차 검토하며 진행해야 하는 것들이다. 어느 하나만 열심히 한다고 해서 직무에 대한 이해가 깊어졌다고 말할 수 없다. 적어도 3~4개 이상의 경험을 진행해야 자신이 맡을 직무를 깊이 이해할 수 있다.

교차 검토의 과정도 중요하다. 각 행위에서 추출되는 정보들은 단편적일 수밖에 없다. 이 단편적 정보를 직무에 해당하는 영역으로 나누어 분류한 다음 필요한 내용을 조합하여 구체적인 정보 틀로 구성해야 한다. 그것이 자기소개서에 서술할 내용이다.

	직무 내용	핵심 역량 (우대 사항)	기본 스펙	비고
헤드헌팅 업체 구직자 가이드				
지원할 회사의 SNS 내용				
포털의 현직 사원 인터뷰				
회사 홈피 직무 카테고리				

위와 같은 표로 나누어 분류하면 다음과 같은 이점이 있다. 우선 거칠지만 단순하게 항목을 나누고 그것에 따라 정보를 배열하게 되면 자신이 맡을 직무에서 요구하는 다양한 자질이나 역량이 일목요연하게 정리될 수 있다.

둘째, 정보를 획득하는 영역에서 지원자가 자기소개서에 중점적으로 서술해야 할 내용이 무엇인지 정확하게 이해할 수 있다.

셋째, 정보의 원천에서 중첩적으로 나타나는 항목이 무엇인지 손쉽게 파악하여 보완할 수 있다. 자기소개서의 내용을 충실히 할 수 있는 기초 작업이지만 이 부분을 지원자가 소홀히 하고 관심 또한 상대적으로 적다. 안타까운 일이다.

업무와 관련된 핵심 역량을 넘버링하면서 서술하라.

현재 많은 회사가 '기본 역량', '품성과 도덕성', '핵심 역량' 등으로 세분화하여 자기소개서를 작성하라 한다. 특히 '핵심 역량'의 경우 업무를 수행하는 지원자의 능력을 판단하는 중요한 자료다. 자세히 알아보기 쉽게 작성해야 한다. 따라서 자기소개서를 작성하기 위해 직무와 직결되는 필수 역량을 자기가 어느 정도 알고 있는지 파악해야 한다. 서술이 중언부언하는 것은 장점이나 강점이 아니다. 직무와 밀접한 역량을 보여주기 위해 핵심 역량과 스스로의 자질을 여러 단계를 거치며 검토하고 확인해야 한다.

핵심 역량을 작성할 때 많이 참조하는 사이트가 '국가 직무 능력 표준 사이트(https://www.ncs.go.kr)'다. 이곳에 다양한 유형의 직무 능력이 제시되어 있다. 직무 능력 카테고리를 찾아가면 지원자가 알고자 하는 핵심 역량의 내용을 볼 수 있다. 간단히 '프로젝트 실무자'가 갖출 역량 중 핵심적인 것만 제시한다.

가. 직업 기초 능력

영역	문항
의사소통 능력	직장생활에서 필요한 문서를 확인하고, 읽고, 내용을 이해하여 업무 수행에 필요한 요점을 파악하는 능력을 기를 수 있다.
문제 해결 능력	직장생활에서 발생한 문제를 해결하기 위해서 창의적, 논리적, 비판적으로 생각할 수 있다.
자기 개발 능력	직장생활에서 직업인으로서 자신의 역할과 목표를 정립하고, 이를 위해 자기 행동과 업무 수행을 관리하고 통제할 수 있다.
자원관리 능력	직장생활에서 필요한 예산을 확인하고, 확보하여 업무 수행에 이를 할당하는 능력을 기를 수 있다.
대인관계 능력	직장생활에서 다른 구성원들과 목표를 공유하고 원만한 관계를 유지하며, 자신의 역할을 이해하고 책임감 있게 업무를 수행할 수 있다.
정보 능력	직장생활에서 필요한 정보를 찾아내고, 업무수행에 적합하게 조직·관리하여 활용할 수 있다.
기술 능력	기본적인 직장생활에 필요한 기술의 원리 및 절차를 이해하는 능력을 기를 수 있다.
조직 이해 능력	직장생활에서 직업인으로서 자신이 속한 조직의 구조와 목적, 문화와 규칙 등과 같은 조직 체제를 파악하는 능력을 기를 수 있다.

위에 제시된 영역들을 다섯 가지 기준 척도(매우 미흡, 미흡, 보통, 우수, 매우 우수)에 의해 평가하고, 그 결과에 따라 1차 관문의 통과 여부가 결정된다. 또한 직무 수행 능력 역시 지원자가 갖춰야 할 핵심 역량이기에 검토 및 보완 작업을 해야 한다. 직무 수행 능력의 영역은 아래와 같다.

나. 직무 수행 능력(프로젝트 관리 능력)

영역		문 항
인적 자원 관리	조직 정의하기	프로젝트를 효율적으로 추진하기 위해 프로젝트 수행에 필요한 조직 형태를 결정할 수 있다.
	팀 구성하기	프로젝트 관리자는 프로젝트 수행에 필요한 인적 자원을 확보하기 위해 프로젝트 팀을 구성할 수 있다.
	팀 개발하기	프로젝트 목표 달성을 위해 역량을 향상시키고 상호 교류와 협력을 증진할 수 있다.
	팀 관리하기	프로젝트 팀 성과의 최적화를 위해 팀원의 성과를 추적하여 피드백을 제공할 수 있다.
일정 관리	활동 정의하기	프로젝트 목적 달성을 위해 세분화된 활동에 식별 코드를 부여할 수 있다.
	활동 순서 정하기	프로젝트 특성과 제약 사항을 반영하여 작업 활동 간의 선/후행 관계를 조정할 수 있다.
	활동 기간 산정하기	활동별 상세 작업의 업무 특성과 설계자료 등을 고려하여 필요한 자원의 종류와 수량을 산정할 수 있다.
	일정 개발하기	예정일, 기간 마일스톤 및 자원과 해당 활동을 연결하여 보여주는 일정표를 작성할 수 있다.
	일정 통제하기	목표 및 계획과의 차이 극복을 위한 변경 요청에 대해 시정 및 조치할 수 있다.
원가 관리	원가 산정하기	프로젝트 활동에 필요한 시설, 자재, 장비 등의 원가를 산정할 수 있다.
	예산 편성하기	프로젝트 성과를 감시 및 통제할 수 있는 기준인 원가기준선을 결정할 수 있다.
	원가 통제하기	원가성과를 평가하기 위하여 일정상 활동 진척 등 공정자료를 확보할 수 있다.
조달 관리	조달 계획 수립하기	조달범위, 조달형태 및 계약방식 등을 포함한 조달전략을 수립할 수 있다.
	공급자 선정하기	확정된 조달대상 공급자들과 계약 프로세스 및 계약방식에 따라 계약을 체결할 수 있다.
	조달 통제하기	공급사들과 계약기간, 가격, 계약 목적물 등의 변경 시 계약을 변경할 수 있다.

제 1 부, 자기소개서, 누가 보는가?

직무 관리 능력은 신입 사원에게 요구하는 역량을 뛰어넘는 영역이다. 그러나 이직을 준비하거나 헤드 헌팅 업체가 스카웃 한다면 반드시 검토하는 핵심 역량이기에 미리 알아둘 필요가 있다. 특히 연봉과 관련한 협의를 진행할 때 반드시 이 부분에 대해 정성 및 정량 평가를 진행한다. 자신의 역량에 대한 심층적인 이해를 하고 있어야 한다.

함께 근무하고 싶은 마음이 들도록 서술하라.

많은 지원자가 면접 후에 하는 불만이 있다. 왜 면접관들이 자신을 쳐다보지도 않거나, 자기가 응답할 때 왜 먼 산을 쳐다보고 있는지를 알 수 없어 불안했다는 것이다. 더 나아가 왜 그들은 자신이 그렇게 정성을 들여 쓴 자기소개서를 쳐다보지도 않는지, 혹은 지원자를 보는 눈길이 왜 그렇게 관심이 없어 보이는지를 큰소리로 화를 내며 말한다. 그런데 지원자인 당신은 면접관이 이러한 태도를 보이는 이유를 정말 모르는가? 아니면 모르는 척하고 있는 것인가? 모르고 있다면 당신 자신을 지나치게 신뢰하거나, 모르는 척하고 있다면 당신의 취업은 물 건너간 것이다. 분명한 사실은 업무담당자가 당신의 자기소개서에 전혀 매력을 못 느끼기 때문이다.

업무담당자는 적어도 6~9쪽가량의 자기소개서 수십 부를 읽었을 것이고, 골라내고 선택하느라 상당히 힘들었을 것이다. 그런 상황에 대다수 지원자가 작성한 천편일률의 내용이 담긴 자기소개서는 그에게 임팩트를 주기는커녕 오히려 고통만 가중시킬 것이다. 그런 사람이 면접관으로 들어갔을 경우 과연 지원자에게 관심을 가질 수 있을까? 누가 봐도 이런 상황에 놓인 업무담당자에게 조금이라도 휴식을 줄 수 있는, 감동을 줄 수 있는 자기소개서는 어떤 내용이어야 할까? 아니 1차 관문이라도 통과할 수 있는 자기소개서는 어떤 콘텐츠를 담아야 할까? 그렇다면 지원자는 어떻게 할 것인가? 자기소개서를 매력적으로 꾸며야 한다. 어떻게 매력적으로 꾸미는가? 다음과 같은 내용에 주목할 필요가 있다.

대다수 지원자는 자기소개서에 자신이 어떤 측면의 능력이 있고, 어떤 일을 잘할 수 있는지에 대해서만 작성하고 있다. 즉, 업무담당자에게 강력하게 어필할 수 있고, 임팩트 있게 자신을 보여주기 위해서 장점과 강점으로 도배한(?) 자기소개서만 작성하고 있다. 이렇게 역량만을 나열하고 자신이 정말 회사에서 필요한 역량을 가진 진정한 인재임을 강조하는 자기소개서에 업무담당자가 중요한 의미를 부여할 수 있을까? 아마도 지원자 대부분의 자기소개서가 바로 이런 유형일 것이다.

철학자 A.E. Taylor는 선(The Good)과 악(The Bad)을 규정할 때 독특한 방식을 취하고 있다. 그가 말하기를 다수가 동의할 수 있는 선의 영역은 너무 많다고 한다. 너무 많다는 바로 그 점 때문에 오히려 규정하기 어렵다. 그래서 그는 선의 영역과 대칭점에 있는 악의 영역에 주목한다. 악에 대해 다수 사람은 기꺼이 동의할 마음을 가지고 있다. 그래서 Taylor의 통찰을 빌어 말한다. '함께 일하고 싶은 사람' 대신 '함께 일하기 싫은 사람'의 유형을 규정하는 작업은 오히려 쉬울 수 있다. 대체로 개인의 품성과 관련된 것들이다.

- 승진에 목을 매여 자기 이익만을 생각하고 행동하는 직원
- 타인에 대한 배려의 마음이 없는 직원
- 대화할 때 거칠게 말하고, 대화 상대를 불편하게 하는 직원
- 지각을 밥 먹듯 하는 직원
- 회사의 규칙을 잘 지키지 않는 직원
- 자기보다 약한 사람에게 소위 갑질하는 직원
- 소위 동료 직원을 뒷담화하는 직원

그렇다면 이쯤에서 기업이 원하는 인재상을 떠올리면 된다. 기업의 인재상에는 함께 근무하고 싶은 사람의 구체적인 모습과 성향이 들어있다. 함께 근무할 수 있다는 것은 기업의 미래를 함께할 수 있는 존재라는 의미이다. 다음 서술에 주목하자.

- 진취적이고 미래 지향적 성향의 인재
- 올바른 예절과 풍부한 서비스 정신이 투철한 인재
- 배려의 정신과 협력적 마인드를 바탕으로 팀플레이에 능한 인재
- 적극적으로 부딪는 문제를 해결하기 위해 노력하는 인재
- 뛰어난 분석 능력을 바탕으로 위기 상황을 극복하려는 인재

이러한 인재상을 실현할 수 있다고 판단하는 순간 지원자의 자기소개서는 좋은 평가와 더불어 면접 시간은 지원자에게 원하는 결과를 줄 것이다.

자기소개서 항목마다 매력적인 소제목을 첨가하라.

지원자의 자기소개서를 첨삭하다 보면 가끔 왜 이렇게 개념들이 중첩될까라고 생각하게 된다. 하나의 개념이나 의미를 문단으로 묶고, 다른 의미나 개념을 전개할 때는 작은 소제목으로 분리하여 제시해야 한다. 지원자가 자기소개서를 작성할 때, 서로 다른 개념인 '어려움을 극복한 사례'와 '창조적 아이디어를 통해 리더십을 발휘한 사례'에서 제시되는 개념이나 의미를 아무런 순서나 넘버링 없이 무미건조하게 늘어놓는 경우가 많다. 그렇게 되면 의미와 중요도가 다른 개념들이 서로 충돌하면서 글 전체가 정리되지 못한다. 이 경우 업무담당자가 글을 보며 너무 평면적이고 난삽하다고 느끼게 된다.

1. 성장 과정 : '농구하는 바이올리스트'

저만의 성장과정을 바이올린과 농구를 통해 얘기하고 싶습니다. 17년간 바이올린을 놓지 않은 것은 취미라서가 아닙니다. 역경을 극복하는 방법을 끊어진 현을 통해서 배웠기 때문입니다. 연주하는 도중 현이 끊어져 남은 세 개의 현으로만 음을 만들어 독주를 완수했던 경험이 있습니다. 이를 통해 유연성과 책임감의 중요함을 깨달았습니다. 9년간의 오케스트라 활동은 조화와 협력정신을 가르쳐 주었으며 이것은 제게 정신적 성장을 가져다주었습니다.

2. 성격 및 생활신조 : '3%의 이성적 분석, 97%의 감성적 호소'

침착함을 바탕으로 '사소한 것일지라도 가급적 곰곰이 생각하고 검토하자'는 신조를 생활화하고 있습니다. 이는 협업 활동시 동료를 향한 굳건한 믿음과 함께 강점이 되었습니다. 2021년 6개국 학생들과 더불어 SNS로 비즈니스 플랜을 구성하는 X-culture라는 팀 프로젝트를 진행했습니다. 페이스북을 통해 프로젝트를 진행했지만, 비영어권 학생들의 영어 능력 부족과 타임라인 미스 매칭으로 인해 상호 이해의 폭이 좁았습니다. 인터넷으로만 대화하다 보니 서로에 대한 불신의 벽 또한 생겼고, 다가오는 데드라인에 당황하여 혼란만 가중되었습니다. 그러나 3%의 언어, 상대방을 알고 이해하는 97%의 비언어적 관계 맺기가 소통의 핵심임을 상기하고 팀원들 나라의 유머와 사고방식의 차이 등을 조사해 팀 페이스북에 올려 공유하였고, 서로를 이해하도록 유도했습니다. 한편으론 서로를 믿고 팀장을 따를 것을 설득하여 그 결과 성공적으로 마칠 수 있었고 우리 팀은 A를 받았습니다.

3. 지원 동기 : '한국의 미래를 넘어, 세계의 미래로'

00와의 인연은 초등학교 3학년 때 '현대 영 오케스트라' 제2바이올리니스트 활동에서 시작되었습니다. 오케스트라가 남북 문화 교류 행사에 초청되었을 때 금강산에서 연주했습니다. 소양댐을 보러 갔을 때 건설업에 종사하는 큰아버지께서 아산만 방조제 공사 때 조수간만의 차이로 어려웠던 공사를 그룹 회장께서 유조선을 활용해 완공했다고 들었습니다. 아마도 00기업에 매료되었던 시기가 그때였던 것 같습니다.

위의 자기소개서에서는 각각의 개념마다 하나의 단위로 묶을 수 있는 소제목들이 등장한다. 그렇게 두드러지게 드러나지는 않지만 시각적으로 깔끔하게 정리되었다는 느낌이다. 왜 그럴까? 자기소개서에 하나의 개념을 중심으로 전체 문장을 묶는다면 업무담당자의 입장에서는 그 개념 묶음을 중심으로 이해하면 된다. 그렇다보니 난삽하다는 느낌에서 탈피할 수 있게 한다. 이렇게 소제목으로 나누어 생각을 전개하면 지원자 역시 자기소개서에 꼭 포함해야 할 것을 점검하고 검토할 수 있다. '소제목 달기'는 자신의 생각을 분명하고 확실하게 전달할 수 있다.

체크리스트를 적극적으로 활용하여 실수를 줄여라.

체크리스트는 말 그대로 지원자가 자기소개서를 어떻게 작성했는가를 점검하는 것이다. 전체적으로 세분화할 수도 있지만 개괄적인 내용만을 제시하고 지원자가 위에서 제시한 내용들을 영역마다 점검하는 방식이 더 좋을 것이다. 그래서 하나의 샘플만 제시한다.

능력중심채용 서류전형 평가도구(샘플)

※아래의 점수 배점 등은 단순 예시이므로, 기업 채용 상황에 따라 임의 적용 가능.

전형	수험번호	성명
서류전형	0001	김 주 희

입사지원서			배점	점수
인적사항		모든 사항에 대한 정확한 기재	P / F	
학교교육		응대업무 (직무수행능력) 5과목 이상(5점) / 2~4과목(3점) / 0~1과목(1점)	5	8/10
	직업교육	보고업무 (직무수행능력) 45시간 이상(5점) / 30~44시간(3점) / 0~29시간(1점)	5	
자격 사항	국가자격	3개 이상(5점) / 2개(3점) / 0~1개(1점)	5	8/10
	민간자격	3개 이상(5점) / 2개(3점) / 0~1개(1점)	5	
	필수자격	사무자동화 산업기사	P / F	
경험 · 경력 사항	직무수행 능력 관련 경험	• 경영진문서작성관리: 문서의 사용 목적에 따라 필요한 자료를 수집하고 적절한 형식과 내용을 갖추어 문서를 작성한 후 관리하는 능력 • 비서 사무정보관리: 경영진 보좌에 필요한 각종 사무정보들을 검색, 수집, 활용하고 정보 기기 관리와 보안유지를 하는 능력 • 경영진 예·결산관리: 경영진과 비서실내에서 필요한 경비를 계획하고 운영 관리하는 능력 • 문서 작성: 부서 내·외부에서 요청된 문서를 작성하기 위하여 내용을 계획하고 자료를 조사·정리·편집하여 목적에 맞는 문서를 완성하는 능력	5	8/10

			배점	점수
경험 · 경력 사항	직무수행 능력 관련 경험	• 문서 관리: 문서를 효율적으로 활용하기 위하여 문서관리 규정에 따라 문서를 수·발신하고 정리하며, 보관하는 능력 • 자료 관리: 업무와 관련된 자료를 수집·분석하고 안전하게 관리하여 관련 부서에 제공함으로써 업무에 활용하게 하는 능력 • 회의 운영지원: 원활한 회의 진행을 위하여 사전 준비, 운영 보조, 회의 후 정리 등과 관련한 업무를 수행하는 능력 • 사무행정 업무관리: 내·외부 업무 협력 요청사항을 접수하고, 내부의 원활한 업무 진행을 위해 구성원들을 지원하는 능력 • 사무환경조성: 구성원들의 업무 능률 향상을 위하여 사무기기 운용, 사무물품 관리, 사무환경 유지, 네트워크 관리 지원 등의 업무를 실행하는 능력 • 사무자동화 프로그램 활용: 업무행정 처리에 수반되는 워드프로세서, 스프레드시트, 데이터베이스, 프레젠테이션 프로그램을 활용하여 사무 문서작성 업무를 수행하는 능력 • 3번 이상(5점) / 2번(3점) / 0~1번(1점), 2개월 이상의 경험인정	5	8/10
	직업 기초능력 관련 경험	• 문제해결능력: 직무를 수행함에 있어 문제 상황이 발생하였을 경우, 창조적이고 논리적인 사고를 통하여 이를 올바르게 인식하고 적절히 해결하는 업무 • 조직이해능력: 업무를 원활하게 수행하기 위해 국제적인 추세를 포함하여 조직의 체제와 경영에 대해 이해하는 능력 • 3번 이상(5점) / 2번(3점) / 0~1번(1점), 2개월 이상의 경험인정		
기타	유관 직무능력	일반사무관련 자격보유여부, 일반사무관련 직무경험	10	8/10

		자기소개서	배점	점수
직무 수행 능력	경영 진문서 작성관리	• 경영진문서작성관리: 문서의 사용 목적에 따라 필요한 자료를 수집하고 적절한 형식과 내용을 갖추어 문서를 작성한 후 관리하는 능력 • 문서 기획, 문서 작성, 문서 관리, 전자문서 관리에 대한 경험여부 확인	20	15/20
직업 기초 능력	조직 이해 능력	• 조직이해능력 : 업무를 원활하게 수행하기 위해 국제적인 추세를 포함하여 조직의 체제와 경영에 대해 이해하는 능력 • 경영이해능력, 조직체재이해능력 등에 대한 경험여부 확인	20	15/20
소 계				30 / 40점

제 1 부, 자기소개서, 누가 보는가?

경력 및 경험기술서			배점	점수
경력 및 경험		2개월 이상 경험 횟수 또는 다양한 경험사항	5	5/5
직무 수행 능력	문서작성	• 문서작성 : 부서 내·외부에서 요청된 문서를 작성하기 위하여 내용을 계획하고 자료를 조사·정리·편집하여 목 적에 맞는 문서를 완성하는 능력 • 자료의 특성 이해 능력, 자료 정보 유출시 비상계획 절차 에 따른 대응능력 등에 대한 경험여부 확인	5	5/5
직업 기초 능력	문제 해결능력	• 문제해결능력 : 직무를 수행함에 있어 문제상황이 발생하 였을 경우, 창조적이고 논리적인 사고를 통하여 이를 올 바르게 인식하고 적절히 해결하는 업무 사고력, 문제처리능력 등에 대한 경험여부 확인	10	5/10
소계				15 / 20점

결과종합		
심사	자격 기준의 적합성 및 제출 서류의 적합성, 기타 결격 사유	P / F
평가	교육사항 + 자격사항 + 경력·경험 사항 + 기타	77 / 100
가산점	국가유공자 자녀 서류전형 점수의 5% 가산점	3
합 계		80 / 100점

제 2 부

무엇이
핵심 역량인가?

핵심 '역량'이란
무엇인가?

대체로 많은 지원자가 역량을 단순히 '직무와 관련하여 무엇인가 자신이 잘하는 것' 정도로 역량의 의미를 이해하고 있다. 그래서 장점 중 하나로 꼽기도 한다. 자칫하면 자신이 가진 강점으로 치부하면서 그것을 서술하는 잘못을 범하기도 한다. 유감스럽게도 개별 기업에서 구성원들을 선발할 때 기준으로 삼는 역량은 위의 사전적 의미보다 광범위하다. 개별 기업이 어떤 개인을 기업의 구성원으로 수용할 때 역량을 판단하려고 하는 이유는 복합적이다. 즉, 단순히 강점이나 장점을 말하는 것이 아니라, 그 개인이 기업의 구성원으로서 어떤 방식으로 생활을 꾸려나갈 것인가를 중심으로 판단할 수밖에 없다. 왜냐하면 기업은 사람들을 적재적소에 두고, 과업을 중심으로 묶어 이익의 극대화를 위해 움직이는 하나의 조직이기 때문이다.

지원자 취업을 준비할 때 자신이 어떤 기업에 입사할 것인가, 무엇을 가장 중요한 것인가를 생각했던 경험이 있을 것이다. 그것을 우선 머릿속에 떠올리자. 그 기업이 자신에게 해 줄 수 있는 것이 아니라, 그 기업이 자신에게 요구하는 것, 자신에게 바라는 것을 고려했을 것이다. 자신의 요구나 희망보다 기업에 어떻게 기여할 것인가에 대한 생각을 우선했을 것이다. 사실 자신을 지원자로 규정했다면 응당 이러한 방향으로 생각을 전개했을 것이다.

사실 역량이란 개인차가 존재하며, 그 차이는 비교할 수 없다고 생각할 것이다. 그런데 여기서 짚고 넘어가야 할 것이 있다. 장점과 역량, 강점에 대한 정확한 이해가 바로 그것이다. 제대로 이해하지 못하면 어떤 것이 장점인지, 어떤 것이 역량인지, 어떤 것이 강점인지 혼동할 수 있다. 그럴 경우 지원자가 서술할 자기소개서가 제대로 작성이 되지 못할 것이라는 사실은 명약관화하다.

먼저 흔히 지원자들이 오해하고 있는 장점의 의미가 무엇인지 살펴보자. 장점이라는 것은 지원자의 특성 중 성격이나 품성에 해당하는 것으로 보아야 한다. 이를테면 '과업을 수행하는 데 있어서 열정적으로 임한다.', '일을 추진하는 데 있어서 초지일관 끈질기게 임한다.', '주어진 업무를 세밀하게 검토하고, 체계적으로 접근한다.', '팀원 전체가 투입되는 과업에 임할 때 꼼꼼하게 해야 할 일들이나 진행 과정을 꼼꼼하게 챙긴다.', '주어진 상황에 과업을 탄력적으로 진행하여 팀원들이 과업 진행 과정에서 여유를 가질 수 있도록 배려한다.' 등등이 바로 품성이나 개개인의 성격적인 측면에서 지원자가 자기소개서에 서술해야 할 장점에 해당한다.

- 과업을 수행하는 데 있어서 <u>열정적으로</u> 임했다.
- 일을 추진하는 데 있어서 <u>초지일관 끈질기게</u> 임했다.
- 주어진 업무를 <u>세밀하게 검토하고, 반복하여 체크</u>하였다.
- 다른 팀과 협력할 때 과업의 영역을 <u>합리적으로 나누고, 체계적으로 분석하여 조직화</u>하였다.
- 팀원 전체가 투입되는 업무에 임할 때 해야 할 일들이나 <u>진행 과정을 꼼꼼하게 살폈다.</u>
- 주어진 상황에 과업을 <u>탄력적으로 진행</u>하여 팀원들이 과업 진행 과정에서 <u>여유를 가질 수 있도록</u> 배려하였다.

다음으로 역량이란 지원자가 지원하고자 하는 기업에서 수행해야 할 직무와 관련이 깊다. 앞에서 핵심 역량의 의미를 설명할 때 '회사 직원들이 보유하고 있는 기술, 기능 및 능력을 해당 조직의 경쟁력 발전과 관련하여 경쟁력의 원천이 되는 것'이라고 설명했다. 또한 더 나아가 핵심 역량(Core Competency)에 대해 '단순히 기업이 잘하는 활동이 아닌 경쟁 기업과 비교하여 자사만이 가질 수 있는 고유하고 독자적이며 궁극적인 능력, 즉 경쟁우위를 가져다주는 능력'이라고 서술한 바가 있다. 그런 측면에서 역량 혹은 핵심 역량이란 기업의 직무와 관련되어 직무를 얼마나 잘 수행하느냐에 대한 기준이나 척도와 다를 바가 없다. 다음과 같은 표현이나 서술이 이에 해당한다.

- 계획된 목표를 달성하기 위해 다양한 방법을 고민하며, 정해진 방식으로 결단력 있게 추진하였다.
- 할당된 과업을 수행하기 위해 팀원들에게 목표를 제시하고, 주도적으로 실행해 나갔다.
- 과업의 내용과 방향을 전반적으로 분석하고, 그에 부합하는 단계별 성취 수준을 설정하여 제시하였다.
- 과업을 나누고 맡기기 위한 회의에 참석하여 리더십을 발휘하여 팀원들이 수용할 수 있는 기준을 제시하여 업무를 원활하게 수행할 수 있도록 도왔다.
- 다른 팀과의 협력 과정에서 다양한 대안을 제시하여 서로 인정할 수 있는 최소 합의안을 도출하여 상호 합의하도록 설득하였다.

위와 같은 설득력, 협상력, 분석 능력, 리더십, 상황 주도 능력 등이 직무를 중심으로 서술한 역량이다. 이러한 역량을 강점이나 장점으로 혼동하게 되면 자기소개서는 1차 관문조차 통과되지 못할 것이다.

셋째, 그렇다면 강점이란 무엇인가? 그것은 장점과 역량을 결합한 것이라고 할 수 있다. 이를테면 위의 장점과 역량에 대한 서술

중 다음과 같은 것들이 강점에 해당한다.

"계획된 목표를 달성하기 위해 다양한 방법을 고민하며, 정해진 방식으로 결단력 있게 추진하였다."

"다른 팀과 협력할 때 과업의 영역을 합리적으로 나누고, 체계적으로 분석하여 조직화하였다."

처음 거론된 서술 중 '다양한 방식으로 고민했다.'라는 것에서 지원자의 신중함이나 사유를 깊이 있게 하고 있다는 진중함이라는 품성적 덕목을 간파할 수 있다. 또한 '결단력 있게 추진하였다.'라는 서술 부분에서 결단력과 추진력의 강도를 파악할 수 있다는 점에서 장점과 역량이 결합된 서술로 간주한다. 두 번째 서술에서 인사담당자는 지원자의 품성적 특성인 합리성을 엿볼 수 있다. 일단 상식적인 차원에서 일을 처리하고, 기업에서 협업의 대상자들과 원만하고 여유 있게 일을 처리할 것이라는 메시지를 간파할 것이다. 또한 업무를 파악하는 데 있어서 중요한 체계화의 능력, 조직화의 능력을 파악할 수 있다는 점에서 자기소개서의 서술 내용으로는 좋은 것이라 할 것이다.

일단 지원자가 입사하기를 원하는 기업의 인재상과 어울릴 수 있도록 자기소개서를 서술하자면, 지원자의 가치관, 인성과 품성에 대한 서술은 필수적이다. 이와 더불어 직무와 관련된 역량이나 핵심 역량 역시 자기소개서의 핵심 내용이다. 사실상 역량의 차이는 개인적인 부분이라는 점을 다시 확인하고자 한다. 차이가 있지만 자기소개서를 어떻게 작성하느냐에 따라 그 차이를 좁히거나 뛰어넘을 수 있다. 그래서 이 책이 필요하다.

결국 자기소개서에 서술할 것은 기업의 인재상과 부합되어야 하며, 직무와 직결된 것이다. 지원자가 어필하고자 하는 부분이 있더라도 지원할 기업의 인재상이나 직무 영역이나 내용에 부합하지 않는다면 합격할 수 없을 것이다. 따라서 자기소개서에서 우선적으로 서술해야 할 중요 부분은 기업에서 요구하는 바가 무엇인지 파악하고 그것에 따라 자신의 장점이나 역량, 강점 등을 서술해야 한다. 이것이 바로 자기소개서의 합격과 불합격의 기준이 된다. 기업이 의도한 바를 찾는 것, 이것이 바로 자기소개서 작성의 알파요 오메가이다.

여기서 지원자들이 착각하는 것이 있다. 합격한 사람의 자소서를 보고 무작정 '그 사람의 자소서와 비슷하게 작성하면 성공할 것'이라 생각하는 것이 그것이다. 자기소개서에 서술하는 역량 자체는 개인마다 다를 수밖에 없지만, 자기소개서에서 항목마다 요구하는 다양한 내용들을 통해 본다면 어느 부분을 해당 기업에서 중요하게 생각하는지 알 수 있다는 점에서 스스로 작성하는 방향성에 대해서 고민해볼 수 있다. 그럼에도 가장 중요한 것은 역시 기업의 인재상에 대한 천착과 깊이 있는 사유라는 점을 명심해야 할 것이다.

누구나 자기소개서 작성을 어려워한다. 하지만 역량을 어필하는 것은 자기소개서 각 항목을 본 후, 기업에서 구성원에게 요구하는 바나 의도를 파악할 수 있다. 따라서 먼저 기업정보를 통해 인재상을 확인한 후, 인재상을 통해 요구하는 특성을 파악해서 작성하면 될 것이다. 이 지점에서 '이직을 잘하는 방법'과 관련된 내용을 참고하면 좋을 것이다. 그 내용은 다음과 같다.

이직을 잘하는 방법 1위로 '차별화된 직무역량 갖추기'가 꼽혔다. 19일 인크루트에 따르면 최근 3년 내 이직 경험이 있는 직장인 741명을 대상으로 이직 성공비결을 알아보기 위한 설문조사를 진행한 결과, '차별화된 직무역량(29.4%)'을 가장 많이 꼽았다. 다른 방법으로는 '자기계발(26%)'과 '지원 회사에 대한 적극적인 태도(13.4%)'가 있었다.

전문성은 물론이고 문제해결, 위기관리, 팀워크 등 지원자의 직무 경험이 이직하는 데 가장 중요하다는 뜻이다. 해당 답변을 한 이들 중에는 이직자의 직무역량이 차별화될수록 빠른 업무 적응은 물론이고 조직 내 영향력이 커지는 등 입사 후에도 유리할 것이라고 언급했다. 이직 성공 경험이 있는 이들 중 90.6%는 본인만의 차별화된 직무역량이 있다고 생각했다. 본인의 차별화된 직무역량이 현재 소속된 회사에 이직하는 데 얼마나 영향이 있었을지 예측해달라고 요청한 결과, 83%는 영향이 있었을 것이라고 답했다.

'전 직장 퇴사 사유'는 경력직 면접에서 빠지지 않고 등장한다. 하지만, 면접관에게 퇴사 사유를 솔직담백하게 말하는 것은 어렵다. 해당 질문을 받았을 때 응답자 82%는 솔직하게 답한다고 밝혔다. 한편, 전 직장에 퇴사 의사를 전달하고 이직을 결심했던 진짜 이유로는 '연봉 불만족(43.1%)'이 가장 많았다. '동료 간 불화(35.4%)', '업무 범위 및 기회 확대(29.7%)' 등이 뒤를 이었다.

― 매일일보(http://www.m−i.kr)

위의 사례를 보면 이직(移職)을 위한 가장 중요한 콘텐츠는 크게 세 가지로 분류할 수 있다. '차별화된 직무역량(29.4%)', '자기 계발(26%)', '지원 회사에 대한 적극적인 태도(13.4%)' 등이 그것들이다. 이것은 신입 사원들에게도 그대로 적용되는 자질과 능력들이다. 지원자의 관점에서 판단하면, 본인들이 실제 직무를 수행해본 적이 없다는 점에서 차별화된 직무역량을 갖기 어렵다고 생각할 것이다. 그런데 과연 그런가?

처음에 언급했듯이 직무와 관련된 능력이 역량이고, 그중에 장점과 연결되어 기업의 인재상과 결합하는 능력이 핵심 역량이 소위 '차별화된 직무역량'에 해당한다. 이러한 핵심 역량을 키우는 방법은 다양하다. 다음 내용을 보라.

LG CNS의 임OO 엑스퍼트(총괄컨설턴트)는 인터뷰에서 이렇게 입을 모아 말했다. 그는 사내 최연소 엑스퍼트 등으로 발탁된 MZ세대(1980년대 초~2000년대 초반 태어난 젊은 층) 직장인이다.

이 회사는 '역량 레벨' 평가와 '디지털전환(DX) 정예전문가' 제도를 통해 개인의 직무역량을 키우고, 수평적 기업문화를 확산하고 있다. 2016년부터 연 1회 기술 인증시험(TCT)을 시행해 레벨1~5로 역량을 부여한다. 대개 레벨4 이상이면 기술 전문성을 갖고, 대내외적으로 성과를 끌어낼 인재로 인정받는다. 레벨4부터는 그룹 토론과 심층 평가, 임원 면접 등을 거쳐 포텐셜 엑스퍼트→엑스퍼트→마이스터→연구·전문위원으로 선발한다.

임 총괄은 AI 기술 관련 개인 블로그를 운영하고, 최신 논문을 탐독하는 등 자기 계발에 더 투자하게 됐다고 답했다. "누구의 질문에도 정확하고 안목 있는 정보를 주기 위해 더 많이 공부하게 된다."라는 설명이다.

— 중앙일보

위에서 보듯이 총괄 컨설턴트로서 임OO 엑스퍼트는 개인 블로그와 최신 논문을 중심으로 직무와 관련된 능력을 배양하기 위해 광범위한 독서를 진행하고 있다. 많은 지원자가 블로그를 운영하거나 카페를 개설하여 운영하고 있다. 직무와 직접 연결할 수 있는 이와 같은 노력이 핵심 역량으로 인정될 수 있다. 생각의 방향만 바꾸면 된다. 기업의 신입 사원으로 들어간다는 것은 의도적인 노력이 있어야 한다.

다음으로 '자기 계발'의 중요성이다. 이것은 아무리 강조해도 지나치지 않을 것이다. 자기 계발을 통한 역량 강화는 당연하며, 이를 위해 기업의 구성원이 될 수 있기 때문이다. 신입 직원에게 이러한 것을 요구하는 이유는 지원자가 자기소개서에 첨부하는 다양한 자격증이나 영어 점수, 실질 회화 능력 등을 통해 그 사람의 자질을 평가할 수 있기 때문이다. 흔히 토익이나 토플로 대변되는 영어 점수, 취업 관련 분야의 자격증, 외국 대학 교환 학생 경험 등 기업에 입사한 이후 즉시 활용할 수 있는 것으로 준비해야 하는 것은 당연하다.

마지막으로 '지원한 회사에 대한 적극적인 태도'는 지원자의 품성과 밀접한 관계가 있다. 그 회사에 대한 지원자의 열망과 관심, 그리고 입사 이후 지원자가 수행할 업무에 대한 이해 등 실질적으로 기업이 요구하는 인재인가에 대한 여부를 여기서 확인하게 된다. 그런 의미에서 본다면, 지원자의 품성에서 확인되는 적극적 성품이나 태도, 직무에 임하는 자세를 자기소개서에 정확하고 깔끔하게 작성하는 요령이 필요하다.

핵심 역량에 대한 구체적인 내용은 다음의 표로 대신한다.

직업 기초 역량	하위 핵심 역량
의사소통	문서이해, 문서작성, 경청, 의사 표현, 기초외국어
수리	기초연산, 기초통계, 도표분석, 도표작성
문제해결	사고력, 문제 처리능력
자기 계발	자아 인식, 자기관리, 경력개발
자원 관리	시간 관리, 예산관리, 물적 자원 관리, 인적 자원 관리
대인 관계	팀워크, 리더십, 갈등관리, 협상력, 고객서비스
정보	컴퓨터 활용, 정보 처리능력
기술	기술 이해, 기술 선택, 기술 적용
조직 이해	국제감각, 조직 체제 이해, 경영 이해, 업무이해
직업윤리	근로 윤리, 공동체 윤리

[국가 표준 직무 능력(역량) 표]

어떻게 자기소개서에 서술할 것인가?

자기소개서는 지원자가 기업에 자신이 어떤 직무 능력이 있으며, 그것을 어떻게 구현하여 기업에 헌신할 것인지를 설명하는 것이다. 따라서 기업이 지원자의 직무 능력을 판단할 수 있는 첫 번째 과정이다. 기업들은 지원자가 자기소개서를 직무 능력을 중심으로 서술할 것을 요구한다. 그래서 자신의 직무 능력을 적절하고 정확하게 제시하는 것이 바로 자기소개서의 출발점이자 목적으로 간주한다.

그러면 직무 능력을 토대로 구성한 역량을 중심으로 자기소개서를 서술하는 방법을 고민하자.

직업 기초 역량	하위 핵심 역량
의사소통	경청, 의사 표현, 기초외국어
수리	도표분석, 도표작성
문제해결	사고력, 문제 처리능력
자기 계발	자기관리, 경력개발
자원 관리	물적 자원 관리, 인적 자원 관리
대인 관계	팀워크, 리더십, 갈등관리, 협상력
정보	정보 처리능력
기술	기술 선택, 기술 적용
조직 이해	조직 체제 이해, 업무이해
직업윤리	공동체 윤리

[국가 표준 직무 능력(역량) 표]

위의 국가 표준 직무 능력(역량)을 중심으로 각 영역 별 설명해 보면 다음과 같다. 물론 이 직무 능력을 다양한 분야에 적용할 때 직무 능력이 요구하는 구체적인 내용은 구체적으로 적용되어야 한다. 따라서 그 직무 능력(역량)에 대한 표현은 조금 변화될 수 있다.

'경영 기획 영역' : 분석력, 리스크관리 역량

국가 직무 능력 표준 사이트(https://www.ncs.go.kr/index.do)에는 마케팅을 '경영·회계·사무(대분류)' 분야 중 '기획 사무(중분류)'에서 '경영 기획(소분류)'로 구분해 놓고 있다.

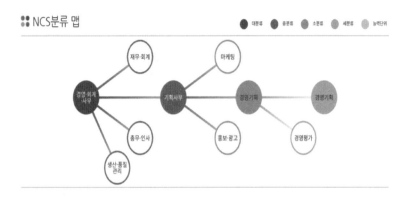

아래의 능력 단위 설명에서 보듯이 경영 기획 소분류에서 핵심
역량은 분석 능력과 리스크 관리 능력이다. 이것들은 대체로 직업
기초 역량 중 문제 해결 능력에 해당한다. 즉, 사고력을 바탕으로
주어진 문제를 어떻게 해결할 것인가에 대한 고민과 그것을 해결
해 나가는 과정에서 행하는 일련의 활동까지 포함된다.

우선 분석 능력을 살펴보자. 사업 환경 분석에서 시작하여 경영
실적 분석까지 거의 전 부분에 걸쳐 분석 능력이 필요하다. 신사업
에 대한 이해, 리스크 관리 영역 모두 분석 능력이 없다면 쉽게 접
근이 어렵다. 그렇다면 핵심 역량으로 분석 능력이란 무엇인가?
사전적 의미에서 분석 능력이란 '여러 요인으로 이루어진 복잡한
현상을 다양한 각도로 풀어서 논리적으로 해명하는 능력'으로 규

정된다.

　자료를 구성요소나 부분으로 분할하고, 각종 데이터 확인, 데이터 사이의 관계 확인 및 데이터의 조직원리를 찾아내는 능력이라고 간주한다. 그래서 핵심 역량으로 분석 능력이란 '문제 상황을 체계적으로 나누고, 논리적으로 구조화한 다음 문제가 무엇인지 명확하게 인식할 수 있는 능력이며, 이를 통해 대안을 마련하거나 해결 방법을 도출하고 데이터들 사이의 관련성을 구체적으로 파악하는 행위 전반이라고 할 것이다.

∷ NCS능력단위

순번	분류번호	능력단위명	수준	변경이력	미리보기	선택
1	0201010101_15v2	사업환경 분석	4	변경이력	미리보기	☐
2	0201010102_13v1	경영방침 수립	5	변경이력	미리보기	☐
3	0201010103_13v1	경영계획 수립	5	변경이력	미리보기	☐
4	0201010104_13v1	신규사업 기획	4	변경이력	미리보기	☐
5	0201010105_13v1	사업별 투자 관리	4	변경이력	미리보기	☐
6	0201010106_13v1	예산 관리	4	변경이력	미리보기	☐
7	0201010107_13v1	경영실적 분석	4	변경이력	미리보기	☐
8	0201010108_13v1	경영 리스크 관리	4	변경이력	미리보기	☐
9	0201010109_13v1	이해관계자 관리	4	변경이력	미리보기	☐

　현장 업무를 진행하면서 행하는 사업 환경 분석은 사업의 성공을 좌우하는 것이다. 따라서 이를 위한 비즈니스 전략을 수립하기

위해서 글로벌 및 국내의 다양한 거시 환경을 분석해야 한다. 국제 교역 및 국제 금융 변화 상황, 경제 트렌드, 산업별 글로벌 기업 경영 전략, 국내 소비 트렌드, 물가 변화에 따른 국내 사회·문화의 변화, 생태 환경 요인, 정책 및 법규 등에 따른 해당 산업의 위협과 기회 요인을 구분하여 분석 시 활용하게 된다.

그렇다면 리스크 관리 능력이란 무엇인가? 일반적으로 리스크란 기업과 단체 등 조직의 목표 달성을 저해하는 잠재적인 요인을 의미하는데, 기업의 경영 활동 과정에서 발생하는 리스크(risk)로 기업이 경제 활동을 시작하면 그 순간부터 리스크가 발생하며, 손실을 가져오기도 하지만 이윤 창출의 원천이 된다. 특히 보험이나 파생 상품 등 금융 상품에서는 기본 소재가 되는데 이는 리스크가 없으면 보험 회사는 상품을 만들 수도 없고 이윤을 창출할 수도 없기 때문이다. 전통적으로 리스크란 불확실성(uncertainty)을 의미한다. 즉, 기업에 이득이 되는지 손실이 되는지와 상관없이 확정되지 않은 모든 것은 리스크가 될 수 있다. 반면 최근 리스크 관리에서는 전통적 재무론과 달리 기업에 직접적 손실을 입히는 사건(hazard)은 물론 더 높은 성과를 얻을 수 있는 기회의 상실 등 기업의 목표(objective) 달성을 저해할 수 있는 가능성도 포함한다.

따라서 핵심 역량으로서 리스크 관리(risk management) 능력이란 위험 요소를 구체적으로 파악하고, 손실 가능성과 예상 손실을 면밀하게 분석한 이후 최적인 사전 예방 및 사후 관리 수단을 모색, 실행, 점검, 개선하는 일련의 의사 결정 과정이다. 이러한 리스크 관리의 목적은 직면하는 리스크에 대비하여 기업이 존속하기 위한 수단으로 자원을 적정하게 배분·운용하고, 그 운용 성과를 합리적으로 평가하기 위한 것이다. 대체로 많은 지원자가 핵심 역량으로서 분석 능력과 리스크 관리 능력을 어떻게 서술해야 적절하게 어필할 수 있을 것인가를 고민한다. 다음의 사례를 들어 설명한다.

사례

(환경 분석 : 위기 상황에 대한 분석)

검도 동아리 ○○의 회장을 맡아 중앙동아리로 만든 것이 가장 소중한 추억입니다. ○○은 동아리 승격심사를 받고 불합격하면 모든 지원이 끊기고 해단될 상황이었습니다. 최종 심사를 앞두고 회장을 맡았습니다. 회장은 무엇보다 검도 실력을 갖춰야 하고, 그래야만 동아리를 키울 수 있다고 생각했습니다. 하지만 마음처럼 몸이 따라주지 않았습니다. 낙담하고 스스로 책망하는 자격지심이 들었습니다. 동아리를 위해서는 빨리 그만두어야 한다는 생각이 여러 번 들었습니다. 하지만 맡은 일이기에 끝까지 해내겠다는 각오로 버텨냈습니다.

(문제해결 1 : 분석 능력 발휘 및 리스크 관리 능력)

다른 시각으로 동아리를 보았고, 학생회에서 키운 운영 능력을 적용했습니다. 회장 중심의 동아리에 부서제를 도입하였습니다. 기획부와

총무부, 훈련부, 홍보부로 조직을 편성하고 부장을 선출해 전문화했습니다. 매주 운영회의를 열어 현안에 대한 해결책을 구상하고 실행했습니다. 그 결과 중앙동아리로 승격했습니다.

(문제해결 2 : 입사 이후 각오)

리더의 판단과 의지, 구성원들의 노력이 의사소통으로 잘 결합시켜내는 것이 성장의 원동력임을 몸소 배웠습니다. 이 경험을 살려 어떤 직책을 맡더라도 능동적으로 문제를 해결하도록 하겠습니다. 저의 의지와 함께 하는 구성원들이 의욕적으로 참여할 수 있도록 하겠습니다. 원활한 의사소통으로 업무를 잘 할 수 있도록 노력할 것입니다.

위의 사례를 보면 전반적으로 어떻게 서술해야 할 것인가에 대한 개괄적인 구조가 나올 것이다. 무엇보다도 '문제 해결'을 위한 분석과 리스크 관리를 위한 계획과 그것이 실현된다면 문제 상황이 해소될 수 있다는 것을 자기소개서에 그대로 보여주는 것이 바람직하다. 다음을 보면서 자기소개서에 서술할 내러티브를 생각하자.

– ㈜ OOO스쿨에서 텔레마케터로 근무하며 실제로 대내외 상황을 분석하고 개선점을 찾아 경영학 수업에서 배운 개념들을 적용했습니다. 오후 근무팀과 오전 근무팀의 실적을 서로 비교하여 개선책을 마련해야 했습니다. 이에 오후 근무팀의 근무 여건과 고객의 상황을 교차 분석했습니다. 상대적으로 오후보다 오전 시간대에 주부들이 여유가 있다는 사실을 알아냈습니다. 이 분석을 바탕으로 통화가 어렵다고 대답한 고객을 키핑해 놓았고, 다음 날 오전 다시 연락

하여 충실히 설명하고 설득하였습니다. 그 결과 제가 속한 오후 근무팀은 성과가 비약적으로 상승했습니다.

－미국에서 고교 교환학생으로 1년 동안 생활했습니다. 이 기간에 농구선수로 활동한 경험을 바탕으로 단과대학 농구 동아리의 코치를 맡게 되었습니다. 선수들의 역량에 맞는 포지션을 지정하고 그에 따라 선수들을 훈련했습니다. 교내 단과대학 대항 농구대회에 나가게 되었을 때 상대 팀의 전력을 분석하여 대응할 수 있는 선수들을 중심으로 배치했습니다. 선수들에게 공정한 출전 기회를 주기 위해 학번보다 포지션에 따라 테스트했습니다. 그런 후 테스트 결과를 냉정하게 분석하였고 개인별 그리고 그룹별로 연습을 진행했습니다. 이전에 1차전에서 탈락했던 우리 팀이 4강까지 진출할 수 있었습니다.

'영업 영역' : 대인 관계 역량

대인관계능력이란 직업생활에서 협조적인 관계를 유지하고 조직구성원들에게 도움을 줄 수 있으며 조직 내부 및 외부의 갈등을 원만히 해결하고 고객의 요구를 충족시켜줄 수 있는 능력을 의미한다. 이에 따라 대인관계능력은 팀 워크 능력, 리더십 능력, 갈등관리 능력, 협상 능력, 고객서비스 능력 등 하위 영역으로 구분될 수 있다.

실리콘 밸리의 기업인 애덤 포레스트 리프킨은 2011년 〈Fortune〉이 선정한 '전 세계 유력인사 640인과 가장 많이 연관된 인물'로 밝혀졌다. 그가 이렇듯 사회적으로 최고의 인맥을 쌓을 수 있었던 비결은 무엇일까? "내 인맥은 천천히 구축되었습니다. '나와 관계가 있는 사람들이 보다 나은 인생을 살아가도록 돕고 싶다'는 마음으로 일상생활의 소소한 부분에서 친절한 태도와 행동을 지속하다 보니 시간이 흐르면서 인맥이 구축된 겁니다"라는 대답은 그가 누구보다 타인의 행복을 바랐던 이타적인 사람이라는 것을 보여준다.

또한 우리 현대 사회는 이전보다 더 협업하고 공동의 목표를 위해 팀 단위로 업무를 진행하고 처리하는 시스템으로 변화해 가고 있다. 팀은 특성상 정보를 공유하고, 남들이 꺼리는 일을 자원해야 하며, 희생적으로 돕는 이타적인 사람이 있어야 제 기능을 할 수 있다. 또한 팀 내에 이러한 이타적인 사람이 존재하면 팀의 전반적인 업무 분위기도 변한다. 이런 업무 환경에서 이기적인 사람보다는 이타적인 사람이 조직 내에서 인정받고 성공할 수밖에 없는 것이다.

미국 카네기멜론 대학에서의 조사 연구에서도 유사한 결과가 나타났다. 대인관계가 인생의 성공에 어느 정도 영향을 미치는지에 대한 조사 결과, 지적 능력이나 재능이 성공에 미치는 영향은 15%에 불과했고 대인관계가 성공에 미치는 영향은 85%로 절대적인 것으로 나타났다. 특히 청소년기는 예비사회인으로서 직업인으로서 삶을 준비하는 과정이기 때문에 바람직한 대인관계에 대하여 깊이 있게 생각하고 삶에 대한 가치관을 재정립할 필요가 있다. 그렇지 않으면 개인에 대한 사회적 기대와 역할, 사회생활과 직업생활의 적응에 따른 문제가 생겨날 수 있다.

- 애덤그랜트, 윤태준 역 (2013). 기브앤테이크. 생각연구소.
문용린 교수 특강(서울대학교) 수정

제 2 부. 무엇이 핵심 역량인가?

위의 내용을 통해 말하는 것은 대인 관계 능력이 한 인간의 성공에 기여하는 바가 절대적이라는 사실이다. 또한 어떤 사람의 대인 관계 능력이 그가 속한 사회의 변화와 진보에 거대한 영향을 준다는 사실이다. 사실 지원자가 맺고 있는 대인 관계의 범주가 좁고, 극히 제한적인 것은 두말 할 필요가 없다. 그러나 자기소개서에 서술하는 내용으로서 대인 관계 능력은 미래에 지원자가 동료나 회사의 상사, 혹은 후배 사원과 어떻게 교류할 것인가에 대한 판단 자료로서 역할을 한다는 점에서 지원자의 합격 여부에 많은 영향을 준다.

지원자도 주지하다시피, 인간관계를 형성할 때 가장 중요한 요소는 평소 말과 행동에서 드러나는 사람의 됨됨이다. 사람들은 말과 행동에서 상대방의 진정성을 느낀다. 우리의 말이나 행동이 피상적인 인간관계 기법에서 나오는 거라면, 상대방도 곧 우리의 이중성을 감지할 것이다. 피상적인 관계에서 우리는 상호 신뢰와 교감, 관계를 만들 수도 유지할 수도 없다. 건강한 대인관계에서 정말로 중요한 것은 존중과 배려이다. 대부분의 사람들은 존중과 배려라고 하면, 먼저 타인에 대한 존중과 배려를 생각한다. 하지만 다른 사람의 인간관계를 형성하기 시작하는 출발점은 자신의 내면이다. 내가 나를 존중하고 배려할 수 있을 때, 우리는 비로소 타인을 존중하고 배려할 수 있게 된다.

관계를 맺는 사람들의 문제점을 파악하여 다양한 방식으로 문제를 해결할 수 있도록 돕는 것이 영업에 종사하는 사람들의 업무이다. 따라서 영업이나 인사 관리 영역에 대인 관계 능력이 필요한 이유는 다음과 같다.

- 대인 관계를 형성할 때 가장 중요한 요소는 무엇을 말하느냐, 어떻게 행동하느냐보다는 우리의 사람됨이라는 점에서 자연스럽게 우러나오게 되면 타인에게 본인 행위에 대해 굳건한 믿음을 줄 수 있다.
- 대인 관계 향상이란 인간관계에서 구축하는 신뢰의 정도를 높이는 것을 의미한다. 다른 사람에 대해 공손하고 친절하며, 정직하고 약속을 지킨다면 신뢰를 높이는 셈이 된다.
- 이해와 배려, 사소한 일에 대한 관심, 칭찬하고 감사하기, 약속의 이행 및 언행일치, 진지한 태도로 대인 관계가 진행이 되면 직무 진행 과정에서 발생할지도 모를 갈등을 해결하는 토대가 될 수 있다.
- 대인 관계를 잘 형성하고 유지하게 되면 심리적 유대감의 확대, 공감대 형성 가능성 제고 등의 이점이 있으며, 전략적 사고도 가능하다는 점에서 지원자가 갖출 핵심 역량이라 할 수 있다.

우리가 살아가면서 좋고 바람직한 대인 관계를 늘 형성할 수는 없다. 특히 지원자의 경우 삶의 과정 자체가 그다지 길지 않다는 점에서, 또한 경험이 일천하다는 점에서 자기소개서에 쓸만한 대인 관계 능력을 갖기 어렵다고 생각된다. 그러나 생활의 과정에서 조금이라도 관련이 있는 사건이나 경험들을 발굴해 놓는 것이 대인 관계 능력을 서술하는 데 도움이 된다. 다음을 보자.

○○○○년 설 연휴 범죄 예방을 하는 청원경찰 아르바이트를 1주일 했습니다. 조그만 시골 지점의 주 고객은 어르신이었습니다. 연세가 있으셔서 ATM 사용이 서툴렀습니다. 기계를 신뢰하지 못하여 단순 입출금도 창구 이용을 고집하셨습니다. 그분들의 생각과 나른 내출 이자금과 쌀, 비료 등의 가격이 조금만 인상되어도 쉽게 언성을 높이고 화를 내셨습니다.

직원분이 어르신들에게 미소로 여러 차례 반복되는 설명을 하는 것을 보았습니다. 정말 은행 업무에서 가장 중요한 능력은 '친절'이라는 것을 배웠습니다. 어르신들의 창구 안내와 ATM사용법을 알려드리고 술 취한 분들이나 언성을 높이는 분들을 달래 댁으로 인도하여 주었습니다.

제가 지원하는 곳은 대도시에 비해 삶의 인프라가 떨어지는 곳입니다. 어렸을 때 도시와 시골 모두에서 살아봤기에 대도시와 시골의 두 곳의 차이와 특징을 잘 파악하고 있습니다. 어느 지점이라도 빨리 적응하고 고객을 친절하게 응대하며 생활할 자신이 있습니다.

글에서 대인 관계 능력을 자기의 아르바이트 경험을 중심으로 서술하고 있다. 무엇인가 보고 배운 후 그것을 그대로 실천하여 자신의 삶이나 방향을 변화시켰다는 내러티브는 사람들에게 일정 정도 감동을 준다. 이렇게 아주 작은 경험이지만 그것을 중심으로 기업에서 요구하는 대인 관계 능력에 대한 서술도 가능하다. 다음을 보면서 자기소개서에 서술할 내러티브를 생각하자.

– 학과에서 2학기 학술 행사를 기획하는 역할을 맡았습니다. 계획의 수립자가 각 세부 단계별로 면밀하게 살피며 행사를 준비했습니다. 그러나 참가하는 인원들 전체가 주지할 행사 준비 매뉴얼이 없어서 여기저기서 잘못된 점들이 나타났습니다. 이에 함께 진행하는 동료들과 숙고를 통해 해하기 쉬운 매뉴얼을 제작하여 숙지하도록 유도했습니다. 행사를 위해 구축한 긴밀한 인간관계가 이 일을 무리없이 진행하게 한 토대였습니다.

'인사 관리 영역' : 의사소통 역량

의사소통능력이란 직업인이 직업생활에서 우리말로 된 문서를 읽고 이해하거나, 상대방의 말을 듣고 의미를 파악하며, 자신의 의사를 정확하게 표현하는 능력을 의미한다. 또한 국제화 시대에 간단한 외국어 자료를 읽고 이해하며, 외국인의 간단한 의사표시를 이해하는 능력까지 포함한다. 이에 따라 의사소통능력은 문서이해능력, 문서작성능력, 경청능력, 의사표현능력 및 기초외국어능력으로 구분될 수 있다.

직업생활에서 필요한 문서를 읽고 내용을 이해하며 요점을 파악하는 문서이해능력, 목적과 상황에 적합한 아이디어와 정보를 전달할 수 있는 문서를 작성하는 문서 작성 능력, 다른 사람의 말을 주의 깊게 들으며 공감하는 경청능력, 목적과 상황에 맞는 말

제 2 부. 무엇이 핵심 역량인가?

과 비언어적 행동을 통해서 아이디어와 정보를 효과적으로 전달하는 의사 표현 능력, 그리고 외국어로 된 간단한 자료를 이해하거나 간단한 외국인의 의사 표현을 이해하는 기초외국어 능력으로 구성되어 있다.

최근 의사소통 능력의 중요성이 점차 강조되고 있으나 많은 학교나 기업에서 학습자들이 손쉽게 자신의 의사소통 능력을 배양하거나 습득하는 데 적절한 기본 가이드가 거의 없는 실정이다. 실제로 신규 직원 채용을 위한 심층 면접의 단계에서 소통 능력의 문제로 인해 불합격하는 경우가 많아졌다. 경청(敬聽)의 과정이 생략된 의사소통은 그 자체로 문제를 야기한다. 면접 과정에서 면접 담당자가 묻는 내용에 경청한다면 좋고 바람직한 대답을 할 수 있는데, 자기 중심의 생각에 빠져 엉뚱한 대답을 하는 경우가 많다.

제대로 소통하는 조직이 성과를 낸다. 소통한다는 사실은 구성원들 사이에서 자신이 말하고자 하는 바를 표현할 수 있는 적절하고 합리적인 열린 공간이 존재한다는 것이다. 이럴 경우 구성원들은 상대방의 의견을 경청한 후, 주어진 문제 상황이나 난이도를 고려할 수 있는 충분한 여유를 갖게 된다. 그 과정에서 나타난 문제를 냉정하게 파악하고, 이성적으로 접근함으로써 함께 할 수 있는 대안을 제시할 브레인스토밍이 원활하게 진행될 것이다. 이렇게 된다면, 다른 사람들의 지적에 대해 감정적으로 대하는 것이 아니라, 팀원 전체의 관점에서 파악하여 성공에 대한 가능성을 높이는 방향으로 의사소통을 할 수 있다. 또한 상대방의 주장에 대해 심층적인 검토도 가능해지고, 이를 통해 자신의 견해를 곱함으로써 대안을 통해 해결점에 도달할 수 있도록 노력할 수 있다. 다음 사례를 보면서 생각해 보자.

사례

어느 날 독자로부터 한 통의 이메일을 받았다. 입사한 지 15개월 되었는데 조직 생활이 너무 힘들다는 이야기였다. '맨땅에 헤딩'하다시피 하루하루를 보내고 있는데, 그의 상사는 이러한 상황을 이해해 주지 않고 무조건 하라는 식이었다. 이런 상황을 얼마나 더 버텨야 하는지, 아니면 떠나야 하는 것이 맞는지 물어왔다.

단언컨대 조직 내 의사소통의 장애가 조직의 생산성과 창의성을 갉아먹고 있다고 생각한다. 그런데 조직 내 의사소통 문제의 심각성에 비해 그 해결책이란 것이 빈약하기 짝이 없다. 소통을 잘할 수 있는 방법에 대해 이론이나 경험담을 담은 서적들은 넘쳐난다. 그럼에도 불구하고 현실은 왜 바뀌지 않을까? 결론은 지금까지의 소통 방식을 바꾸고 새로운 소통의 습관을 조직 내에 자리 잡게 해야 한다는 것이다.

– 출처: 채널예스 http://ch.yes24.com/Article/View/22418

의사소통(communication)의 원래 뜻은 '상호 공통점을 나누어 갖는다.'로 라틴어 'communis(공통, 공유)'에서 나온 말이다. 의사소통이

제 2부, 무엇이 핵심 역략인가?

란 두 사람 또는 그 이상의 사람들 사이에서 일어나는 의사의 전달과 상호교류가 이루어진다는 뜻이며, 어떤 개인 또는 집단이 개인 또는 집단에 대해서 정보, 감정, 사상, 의견 등을 전달하고 그것들을 받아들이는 과정을 의미한다. 지원자도 잘 알고 있듯이 기업 내 자유로운 의사소통은 직원들의 조직 몰입을 높이는 것은 물론, 기업 발전과 성공의 원동력이 된다. 그런데 위와 같은 조직이라면 그 조직의 미래는 불을 보듯 뻔할 것이다.

과업을 진행할 때 업무 수행 경험에서 발생하는 의사소통의 목적은 다음과 같다. 첫 번째, 원활한 의사소통을 통해 조직의 생산성을 높인다. 두 번째, 조직 내 구성원들의 사기를 진작시킨다. 세 번째, 조직 생활을 위해 필요한 정보를 전달한다. 네 번째, 구성원 간 의견이 다를 경우 설득한다. 요약하면, 일 경험에서 발생하는 의사소통이란 조직과 팀의 생산성 증진을 목적으로 구성원 간 정보와 지식을 전달하는 과정이다. 또한 공통의 목표를 추구해야 하는 조직 특성상 의사소통은 집단 내의 기본적 존재 기반이자 성과를 결정하는 핵심 기능이라 할 수 있다.

이러한 의사소통은 구성원들 사이에서 서로의 생각 차이를 좁혀 주며, 선입견을 줄이거나 제거해 주는 수단이다. 직장에서 상사나 동료 혹은 부하와의 의사소통이 원활하게 이루어지면 구성원

간 공감이 증가하고, 조직 내 팀워크가 향상된다. 향상된 팀워크는 직원들의 사기 진작과 능률 향상으로 이어지게 될 것이다. 결국 어떤 일이건 일 경험 중 의사소통은 반드시 필요하다. 그러나 조직이란 다양한 사회적 경험과 지위를 가진 구성원들의 집단이므로 동일한 내용의 메시지를 전달하더라도 각각 다르게 받아들일 수 있다. 메시지는 주고받는 화자와 청자 간의 상호작용에 따라 다양하게 변형될 수 있다는 사실을 꼭 기억해야 할 것이다.

사례

○○○○년 여름에 심야전기 보일러의 계량기를 봉인하는 아르바이트를 했습니다. 무더위와 전신주 번호만으로 천여 세대의 가구를 찾는 것, 냄새 나는 축사에 작업하는 것 등 고충이 많았습니다. 가장 힘든 것은 어르신께서 화를 내시며 나라에서 세금을 올리려고 괜히 쓸데없는 짓을 한다고 핀잔을 주시거나 욕을 할 때였습니다.

하지만 상황만 탓하기보다 '즐겨보자'로 생각을 바꿨습니다. 거부감을 해소하고자 첫 만남의 인사말을 달리했습니다. "작업하러 왔습니다."를 "어르신 그동안 잘 지내셨어요"로 바꿨습니다. 이후 신기하게도 욕을 하는 분이 한 분도 없었습니다. 작업을 할 때 대화하며 친근한 분위기를 이어갔습니다. 물 한 잔 주시며 '수고 많다'는 칭찬을 하시는 분도 계셨습니다. 덕분에 마무리까지 매끄럽게 끝냈습니다. 일을 할 때 현장의 분위기에 맞는 첫인상과 대화가 얼마나 중요한지를 배울 수 있는 중요한 계기였습니다.

제가 입사 이후 맡게 될 과업도 이와 유사하다고 생각합니다. 사람과 사람을 연결하고 그들의 생각을 읽어야 한다는 점에서 그렇습니다. 특히 인사 관리 업무는 회사의 경영진과 일반 사원들 사이를 잇는 다리 역할을 해야 한다고 봅니다. 보다 나은 대화를 위한 발상의 전환이나 사람들 편에 서서 생각을 전개해야 한다는 것은 어떻게 보면 매우 어려운 일일 것입니다. 그러나 진심으로 사람을 대하면 가교의 역할이 가능할 것이라고 믿습니다.

위에서 보듯이 의사소통의 원활함은 과업을 진행하는 현장의 분위기를 변화시킬 수 있는 마력을 가지고 있다. 그런 측면에서 인사 관리 영역의 과업에서 소통 능력은 핵심 역량이라고 할 것이다. 소통과 그것을 하나의 단위로 묶어 전체적인 조직의 조화를 도모하는 태도는 상당히 중요하다. 사람과 사람의 관계에서 가장 중요한 것은 서로에 대한 이해이다. 의사소통의 원활함은 그것을 가능하게 해준다는 점에서 핵심 역량의 하나로 간주된다. 다음을 보면서 자기소개서에 인사 관리 직군에 해당하는 내러티브를 생각하자.

- 사회인 축구 동호회에서 총무를 맡아 활동했습니다. 총무가 해야할 가장 큰 일은 2주마다 한 번씩 운동장을 구하는 것이었습니다. 어떤 특정 지역을 중심으로 모인 동호회라서 그 지역에서 운동장을 구해야 했습니다. 주말의 경우 운동장 구하기는 '하늘의 별 따기'였습니다. 그래서 주중에 운동을 하는 것도 좋을 듯 하여 회원들에게 설문을 돌렸습니다. 그리고 설문의 의도를 회원들에게 인터넷과 전화로 미리 알리고, 회장단과 의사소통을 진행했습니다. 다행

스럽게도 집안 행사나 개인적인 약속 때문에 주말에 운동하는 것을 기피하는 동호회원들도 많다는 결과가 나왔습니다. 이를 바탕으로 회원들과 소통하면서 주말이 아닌 목요일 저녁 7시로 정해 운동을 하게 되면 자동적으로 주말보다 훨씬 좋은 조건으로 운동장을 대여할 수 있었고, 또한 많은 운동장을 활용할 수 있었습니다. 그동안 동호회를 괴롭혀왔던 두 가지 문제 모두 해결할 수 있게 되었습니다. 새삼 사람들이 살아가는 세상에서 원활한 의사소통이야말로 어려움 해결의 지름길임을 깨닫게 되었습니다.

'광고 및 홍보 콘텐츠 유통 영역' : 트렌드 민감성, 감수성 역량

트렌드란 특정한 사회 내에서 일정한 사람들이 유사한 행동양식이나 문화양식을 일정한 시간 동안 공유하는 것을 말한다. 이것은 일정한 기간이 지나면 진부한 모습으로 퇴화해 버리는 특성을 갖는다. 요즘 세대들은 물건을 구매할 때의 전반적인 소비 패턴을 보면 자신이 좋아하는 것은 일단 구매하는 경향을 보인다. 이러한 트렌드를 '라이크커머스'라고 하는데 서울대 김난도 교수에 의해 명명되었으며, 그 출발점은 바로 SNS라고 할 수 있다. 사람들은 SNS계정이나 채널을 팔로우 구독해주는 사람들이 생겨나면 그들과 소통하고 공유한다. SNS를 통해 소비자의 '좋아요(라이크, like)'를 얻어내지 못하면 아무리 좋은 물건이라 하더라도 홍보가 되지 않으며, 판매 수익으로 전환되지 않는다. 따라서 이러한 경향에 민감한 기업들, 즉 '라이크커머스 기업'이 주목해야 할 트렌드는 소비자 지향성과 상품에 대한 진정성이다. MZ세대라고 불리는 (1980년대초~2000년대초에 출생한 세대)들이 각 분야에서 인플루언서로 떠오르며 SNS상에서 많은 팔로워를 확보해 브랜드나 메이커, 소비자에게 영향력을 행사하고 있기 때문이다.

또한 코로나19의 장기화로 기업 채용문이 좁아지고 취업 불경기가 심화된 요즘 취업 준비생들은 어떤 트렌드에 맞게 준비해야할지 고민이다. 따라서 변화되는 환경에 적응하기 위한 위와 같은 '트렌드 이해'는 필수적이다. 지원자들은 21세기에 들어서면서 변화되는 환경에 대한 감수성이 요구된다. 실제로 진로 컨설팅에서 화두로 제시되는 것을 정리하면, 트랜드 이슈로 '친환경, 수명, 직무 역량 중심' 키워드를 제시한다. 미래에 도래할 불확실성의 시대에는 변화에 민감한 감수성에 바탕을 둔 취업 전략이 필요하다.

흔히 ESG로 불리는 기업의 비재무적 요소인 환경(Environment), 사회(Social), 지배구조(Governance)에 대한 고민이 진행되고 있다. 특히 친환경에 대한 주제가 강화되고 있다. 일정 규모의 기업은 ESG(환경 Environment ·사회 Social ·지배구조 Governance) 인증을 의무화하고 있다. 개별 기업은 환경 정책의 변화 트렌드에 부응하기 위해 의무적으로 도입하고 있다. 특히 광고와 홍보 직군 영역에 취업 준비생의 경우 단순하게 볼 것이 아니라 자신이 수행할 직무에서 이 트렌드에 맞게 활용할 수 있는 방향이나 구체적인 방법을 고민해야 한다.

또한 수명 연장이라는 트렌드도 미래 사회에서 중요한 이슈로 등장했다. 현재 우리나라 직장인의 은퇴 평균 연령은 약 55세로 평균 수명이 증가하는 추세다. 예전에는 60~70대의 경제 활동이 크지 않고, 구매력도 높지 않아 마케팅이나 소비에 있어서 주요 고객층으로 보지 않았다. 그러나 지금은 고령의 노인들도 구매력이 높으며, 자기를 위한 소비활동을 충분히 수행할 수 있다는 점에서 경제 여건이 크게 나아지고 있다. 따라서 고령 인구를 대상으로 하는 산업 영역이 확장되고 있다. 고령층을 타겟으로 식품, 생명과학 등의 산업 직군을 살펴보는 안목도 길러야 한다.

미래 사회의 또 다른 이슈 키워드로 '가구원 수'가 등장하고 있다. 2021년 기준 1인 가구 비중은 약 33%로 전체 가구의 1/3 정도이며 이러한 경향은 꾸준히 증가하는 추세다. 따라서 취업 직군을 찾는 과정에서 이러한 경향을 읽고, 찾아가려는 노력이 요청된다. 실제로 많은 기업이 1인 가구의 증가에 대한 파급 효과나 그 영향력을 인지하고 있다. 가전·가구, 식품(밀키트·레토르트), 건설(소규모 주택) 등도 고객층의 변화에 따라 그들의 행동 특성도 변화하고 있다. 기업이 이런 영향을 어떻게 받아들이고 상품을 어떻게 구성하는지 분석한 후 취업 직군을 선택하는 것이 중요할 것이다.

[출처 : 트렌드코리아 2022]

위의 표를 보면 알 수 있듯이 개인의 삶의 패러다임은 과거와는 달리 급격히 변화하고 있다. 집단 중심에서 가족 혹은 파편화된 개인 중심의 사회로, 높은 연봉보다 워라벨을 추구하는 생활로의 변화, 무거움보다는 가벼움과 기호에 따른 삶의 흐름 등이 그것들이다. 이러한 시대 상황과 미래의 트렌드 속에서 직업의 특성 변화에 대한 흐름이나 유망 직종을 찾아내고, 그것에 담긴 의미와 내러티브를 읽는 것이 중요하다. 상황의 변화가 우리 삶에 어떤 영향을 끼칠 것인가를 파악하고, 그렇다면 자신은 그 변화에 어떻게 대비할 것인가를 고민하는 것이 취업 직군을 선택하는 데 중요한 고려

사항이 되어야 한다. 그래서 변화를 통해 성장할 수 있는 직군이나 기업을 찾아내고 변화의 과정에서 발전할 수 있는 기회와 경향에 주목해야 한다.

위기와 기회의 시대, 두려움 없이 표변하는 호랑이가 되려면

TIGER OR CAT

Transition into a 'Nano Society' 나노사회
Incoming! Money Rush 머니러시
'Gotcha Power' 득템력
Escaping the Concrete Jungle - 'Rustic Life' 러스틱 라이프
Revelers in Health - 'Healthy Pleasure' 헬시플레저
Opening the X-Files on the 'X-teen' Generation 엑스틴 이즈 백
Routinize Yourself 바른생활 루틴이
Connecting Together through Extended Presence 실재감테크
Actualizing Consumer Power - 'Like Commerce' 라이크커머스
Tell Me Your Narrative 내러티브 자본

[출처 : 트렌드코리아 2022]

현대인의 삶의 패러다임은 빨리 변화한다. MZ세대 이후 우리 사회는 커다란 충격이 없이도 규모가 작게 변화하는 흐름을 타고 쉽게 변화된다. 개인의 기호에 따른 소비 패턴이 자리를 잡아가고 있으며, 나노 사회라는 명칭에 걸맞게 지극히 개인 중심의 삶이 진행되고 있다.

제 2 부, 무엇이 핵심 역량인가?

특히 위와 같은 변화의 흐름 속에서 '홍보, 광고 콘텐츠 유통 영역'에서 트렌드 감수성과 민감성은 대단히 중요하다. 여기서 홍보란 '기업·단체 또는 관공서 등의 조직체가 커뮤니케이션 활동으로 생각이나 계획·활동·업적 등을 널리 알리는 활동'으로 정의할 수 있다. 홍보는 각 조직체에 관한 소비자나, 지역주민 또는 일반의 인식이나 이해 또는 신뢰감을 높이고 합리적이고 민주적인 기초 위에 양자의 관계를 원활히 하려는 데 목적이 있다. 먼저 사실에 관한 정보의 정확한 전달과 불만·요망 등을 수집하는 것부터 시작한다.

따라서 현재 취업에 있어서 가장 큰 트랜드는 '직무 역량 중심의 채용'이다. 단순하게 직무 목표 없이 취업을 위해 기본만 채우는 학벌, 성적, 어학 능력 등의 스펙 쌓기만으로 취업이 가능한 게 아닌 저학년 때부터 앞으로 어떤 일을 할 것인가에 대해 목적성을 가지고 맞춤형으로 준비해야 한다. 그 과정에서 사회 변화에 맞는 아래와 같은 키워드 중심의 트렌드를 찾아내고, 적응할 수 있는 역량을 배양하는 것이야말로 중요하다. 다음을 보면서 자기소개서에 서술할 내러티브를 생각하자.

- 학내 영자신문 '00 크로니클'의 편집장으로 학생회의 행사와 관련된 여러 정보를 학생들에게 알리고 행사의 적합에 대한 컬럼을 통

해 학내 여론을 구축하기 위해 노력했습니다.

– 법학과 학생회에서 홍보부장을 맡아 학과에서 추진 중인 여러 사안에 대해 알리고 정확한 이해를 얻도록 하였습니다.

– 단과대학의 여론분석 팀장을 맡아 다수가 참여할 수 있는 축제를 준비하기 위해 구글 폼을 활용하여 학생들의 다양한 의견을 수렴하여 분석하였습니다. 이 결과를 토대로 학생들이 참여를 제고하기 위한 방안들을 도출했습니다.

어떤 일이든 성실성, 책임 의식은 당연히 갖춰야 할 부분이지만, 예를 들어 생산기술이라고 하면 관련 전공에 대한 깊이 있는 지식, 장비를 사용해본 경험이나, 알고 있는 대응할 수 있는 능력 등이 필요하다. 광고, 홍보 영역이라면 데이터 분석 능력, 고객에 대한 분석, 트렌드에 대한 대비 등 현장에 어떻게 적용할 것인지의 경험치 또한 필요하다. 즉, 실무중심의 경험 쌓기, 직무 역량과 연관된 경험 얻기 등이 중요하다. 구체적으로 어떤 일을 하겠다는 생각으로 준비하여야 한다. 취업 준비생은 그동안 쌓은 스펙만으로 취업을 준비하는 경우가 많아 실패의 확률이 높다. 기업이 원하는 부분과 맞지 않기 때문이다.

위에서 거론했듯이 광고, 홍보 콘텐츠 영역은 '어떤 목적의식을 바탕으로 커뮤니케이션 활동을 통하여 스스로 생각이나 계획·활동·업적 등을 널리 알리는 활동'을 주요 업무 영역으로 하고 있다.

단순히 알리는 것이 아니다. 어떤 방향성을 가지고 현재의 트렌드에 맞게 모든 정보를 재구조화해야 한다. 주요 업무가 대외 홍보와 SNS 활동, 다양한 유형의 사내외 커뮤니케이션 등으로 나뉜다.

그런데 '트렌드 감수성'은 NCS에서 강조하는 기초 직무 능력 영역에서 '정보 능력'의 정보 처리 능력과 '수리 능력' 및 대인관계 능력의 '서비스 능력'이 중첩적으로 인정되는 복합 역량으로 간주할 수 있다. 트렌드 감수성은 다양한 영역의 직무 기초 능력이 있어야 실제적으로 얻을 수 있다. 지원자가 취업하길 원하는 분야에 대한 폭넓은 독서와 기록, 해당 분야에 대한 심층적 분석 능력을 함께 준비해야 한다. 다양한 인문학적 주제를 고민하고, 팀을 꾸려 토론하여 변화를 주도할 수 있는 역량을 길러야 한다. 따라서 맡은 바 업무를 진행할 때 핵심 역량으로서 '트렌드 감수성'은 다음과 이유에서 꼭 필요하다.

첫째, 급격히 변화하는 상황에서도 상대방을 설득할 수 있는 논리적인 역량을 구축해야 한다. 상대방을 자신이 목적하고자 하는 방향으로 이끌기 위해 합리적으로 설득할 수 있어야 한다.

둘째, 홍보의 의미와 정의에 부합하도록 분석된 자료를 목적 의식적으로 해석하고 편성할 수 있는 역량이 핵심 역량이라는 것을 인식해야 한다.

셋째, 기존의 미디어뿐만 아니라 인터넷, 블로그, 카페, SNS 등으로 대변되는 뉴미디어의 특성을 이해하고, 각각의 미디어에 따라 맞춤형 홍보 전략을 수립할 수 있는 종합적 역량이 필요함을 이해해야 한다.

넷째, 분석된 자료들을 중심으로 재구성할 수 있는 역량, 주어진 자료를 창의적으로 해석할 수 있는 능력, 임기응변의 위기관리 역량이 필요하다.

'회계 및 감사 영역' : 자원 관리 역량 및 책임 의식(공동체 윤리)

회계 및 감사 영역의 직군에서 요구하는 역량은 두 가지이다. 먼저 직업 기초 능력으로서 '자원 관리 역량'이 있다. 예산 관리 역량이 바로 그것인데, 예산 편성에 따른 자금 관리, 원가 관리, 결산 처리 등의 업무와 연계된 회계 감사와 재무제표 작성 역량이 그것들이다. 이 부분은 지원자가 취업과 동시에 업무 영역에서 즉시 활

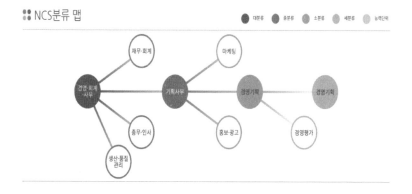

용되어야 한다는 점에서 미리 갖추어야 할, 직무 지식과 직결된 역량이다.

재무 회계 직군에서 수행할 기본 업무는 회계, 재무, 예산 편성, 예산 실적 및 위험 관리, 세무, 결산 및 원천 징수 관련 업무, 각종 세금 신고, 법인세 관련 업무, 회계 감사 등 다양하다. 특히 직접적으로 비용이나 예산, 세금 관련 업무라는 점에서 예리한 숫자 감각이나 편성 능력, 도표를 즉각적으로 이해할 수 있는 역량이 필요하다. 이러한 감각을 바탕으로 자금 관리 업무를 진행해야 한다. 엄격한 도덕성이 기본이다. 원칙에 어긋나는 상황에서 자기 검열 의식이 필요하며 이를 그대로 보고하고 드러낼 수 있는 멘탈과 자기 관리 역량 역시 필요하다.

실제로 재무 회계 직군의 직무는 자금과 관련한 회계 출납과 밀접한 관련이 있다. 이 부분의 직무 역량을 키우기 위해 회계와 직결된 능력(공인회계사 자격), 세무와 관련된 역량(세무사 자격) 등을 취득하는 것도 좋은 방법일 것이다. 또한 전공이 아니라면 학점과 관련된 이중 전공 혹은 복수 전공으로 재무 회계 직군에 복무하기 위한 노력을 했음을 자기소개서에 서술하는 방법도 좋을 것이다. 다음을 보면서 자기소개서에 서술할 내러티브를 생각하자.

- 회계와 관련된 교내 동아리 '회계 온리'의 회장으로 여러 기업의 재무제표를 분석하였습니다. 회계 자체가 숫자로 이루어진 도표 형식을 띤다는 점에서 도표에 서술된 숫자의 의미들을 파악하고자 노력하면서 동아리를 이끌었습니다.
- 경영학과 영어를 이중 전공하면서 무역 영어와 관련된 여러 자격증을 취득하였습니다. 비록 합격하지는 못했지만, 공인회계사 시험에도 2번 응시하면서 회계와 관련된 다양한 영역의 강의를 들었습니다.
- 경제학을 전공하면서 재무 경제학과 파생 금융 상품론을 들었습니다. 이를 통해 재무 분석에 대한 안목을 키웠습니다.

다음으로 공동체 윤리에 대한 깊은 이해는 이 업무를 진행하기 위해 꼭 지녀야 할 능력이다. 이러한 바탕 위에 공동체 윤리의 덕목들을 내면화해야 한다. 실세로 직업생활에서 소명에 바탕을 둔 책임 의식은 매우 중요하다. 특히 직업의 본래적 목적인 생계유지의 차원을 넘어서 직업을 통한 사회 기여라는 측면이 기업 운영 슬로건으로 대두되고 있다. 소위 ESG라는 흐름이 바로 그것인데, 여기서 강조하는 S 영역인 사회에 대한 책임 의식이 매우 중요한 화두로 제기되고 있다. NCS에서도 직업 기초 능력의 하나로 직업윤리의 중요성을 강조하고 있다. 다음 사례를 보자.

| 사례 |

[사례 1] 대구지역에 집중적으로 코로나19 확진자가 발생하여 모두가 두려움에 떨던 때, 이에 전면으로 맞서 싸운 의료진들이 있다. 이렇게

제 2 부. 무엇이 핵심 역량인가?

어려운 상황임에도 불구하고 현장을 지킬 수 있었던 이유를 "제가 그만두면 동료들이 더 힘들어지잖아요. 간호사의 작은 실수로도 환자가 위급해질 수 있기 때문에 환자가 힘들지 않게 책임감을 갖고 일할 수밖에 없는 것 같아요."라고 말했다.

[사례 2] 코로나19 상황에서도 음식점을 하는 P씨는 인근 독거노인에게 하루 설렁탕 30그릇씩 한 달에 1천 그릇을 무상으로 제공하고 있다. 코로나19로 경로당이 폐쇄돼 끼니를 해결하기 어려운 노인이 늘었다는 소식을 듣고서다. P씨는 "음식 장사를 30년 했지만 지금이 제일 힘들긴 하다"면서도 "이제 은퇴가 머지않았는데 이때 아니면 언제 좋은 일을 할까 싶어서 결심했다. 음식 재료가 빨리 회전되니 장사에도 도움이 된다."라며 웃었다.

위의 사례에서 보듯 자신이 맡은 바에 책임을 다하는 모습을 보여주고 있다. 지원자에게 이러한 경험이 있다면 그것은 합격에 상당한 영향을 줄 수 있다. 아주 작은 경험이라도 발굴하여 글로 쓰는 지원자의 노력이 필요하다.

책임 의식은 직업에 대한 사회적 역할과 책무를 충실히 수행하고 책임지려는 태도다. 맡은 업무를 어떠한 일이 있어도 끝까지 수행하는 태도다. 직업을 가진 모든 개인은 그 사회의 기능을 일부 나누어 맡아 수행함으로써 사회에 참여한다. 사회 변화가 가속화됨에 따라 모든 직업은 점점 분화되고 전문화됨으로써 이전처럼 자급자족할 수는 없게 되었다. 그렇기 때문에 직업인들은 자신이 속한 조직과 전체 사회 속에서 주어진 직분을 충실히 수행해야 한다. 지원자의 다음 자기소개서를 보자.

사례

2019년 12월, 캐나다의 에드먼튼 시에 위치한 대학에 교환학생으로 가게 되었습니다. 도착했을 당시 영하 40도의 매서운 날씨에 커피 한 잔을 들고 전전하는 노숙인들을 보았습니다. 그것도 안타까웠는데 며칠 후 멕도날드의 메니저가 경찰을 불러 노숙인을 매장 밖으로 몰아내는 모습을 보며 안타까운 생각이 들었습니다.

그래서 노숙인들에게 잠자리를 제공하기 위한 켐페인에 모금활동가로 지원했습니다. 모금 활동에 앞서 많은 노숙인을 만나 대화하며 그들에게 정말 어떠한 것들이 필요한가에 대해 들을 수 있었습니다. 교환학생이 봉사하고 있어서인지 같은 수업의 친구, 교환학생들 그리고 국제교류팀 직원들로부터 많은 성금을 모을 수 있었습니다. 그런 와중에 한 교수님께서 '노숙인들은 국가로부터 막대한 지원을 받고 있어. 그들을 도와주면 자립능력을 키우지 않을 거야.'라고 하였습니다.

이미 많은 봉사자가 그 교수님을 설득하는 것에 실패했습니다. 전 당황하지 않고 설득은 마음으로 하는 것, 상대방을 움직이려면 진실해야 한다고 믿었습니다. 에드먼튼시의 노숙인 지원에 관한 일장 연설을 교수님께 들은 후, 군대에서 혹한기 훈련을 한 경험을 바탕으로 밖에서 자는 것은 정말 고통스럽다고 진정성 있게 설명하면서 대화를 나누었습니다. 그후 교수님께서는 웃으며 $100를 기부하셨습니다.

위의 사례 교환학생 시기의 작은 경험인 '노숙인을 위한 모금 활동'을 자기소개서에 설득력 있게 작성하였다. 위의 사례를 지원한 기업의 담당자가 볼 때 어느 부분에 주목해서 볼 것인가는 명약관

화하다. 인간으로서 당연히 가져야 할 동정심과 그것을 현실화시키기 위해 직접 모금 활동에 나섰다는 사실이 아닐까? 모금 활동에 부정적인 사람도 진정성 있게 설득하는 태도에 '인간의 도리'라는 품성을 상기하지 않을까?

체크리스트

다음은 모든 직업인에게 공통으로 요구되는 직업윤리 수준을 스스로 알아볼 수 있는 체크리스트이다. 본인의 평소 행동을 잘 생각해 보고, 행동과 일치하는 것에 체크해 보자.

문항	그렇지 않은 편이다	그저 그렇다	그런 편이다
1. 나는 사람과 사람 사이에 지켜야 할 도리를 지킨다.	1	2	3
2. 나는 시대와 사회 상황이 요구하는 윤리규범을 알고 적절히 대처한다.	1	2	3
3. 나는 나의 삶에서 직업이 큰 의미가 있으며 중요하다고 생각한다.	1	2	3
4. 나는 업무를 수행하는 중에는 개인으로서가 아니라 직업인으로서 지켜야 할 역할을 더 중요하게 생각한다.	1	2	3
5. 나는 내가 세운 목표를 달성하기 위해 규칙적이고 부지런한 생활을 유지한다.	1	2	3
6. 나는 직업생활에서 정해진 시간을 준수하며 생활한다.	1	2	3
7. 나는 이익이 되는 일보다는 옳고 유익한 일을 하려고 한다.	1	2	3
8. 나는 일을 하는 데 있어 이익이 되더라도 윤리규범에 어긋나는 일은 지적하는 편이다.	1	2	3
9. 나는 조직 내에서 속이거나 숨김없이 참되고 바르게 행동하려 노력한다.	1	2	3
10. 나는 지킬 수 있는 약속만을 말하고 메모하여 지키려고 노력한다.	1	2	3
11. 나는 내가 맡은 일을 존중하고 자부심이 있으며, 정성을 다하여 처리한다.	1	2	3
12. 나는 건전한 직업활동을 위해 올바른 생활자세를 유지하고 심신을 단련하는 편이다.	1	2	3
13. 나는 내 업무보다 다른 사람의 업무가 중요할 때, 다른 사람의 업무도 적극적으로 도와주는 편이다.	1	2	3
14. 나는 평소에 나 자신의 이익도 중요하지만, 국가, 사회, 기업의 이익도 중요하다고 생각하는 편이다.	1	2	3

15. 내가 속한 조직에 힘들고 어려운 일이 있으면 지시받기 전에 자율적으로 해결하려고 노력하는 편이다.	1	2	3
16. 내가 속한 조직에 주어진 업무는 제한된 시간까지 처리하려고 하는 편이다.	1	2	3
17. 나는 속한 조직에서 책임과 역할을 다하며, 자신의 권리를 보호하기 위해 노력한다.	1	2	3
18. 나는 업무를 수행함에 있어 조직의 규칙과 규범에 따라 업무를 수행하는 편이다.	1	2	3
19. 나는 조직생활에 있어서 공과 사를 구별하고 단정한 몸가짐을 하는 편이다.	1	2	3
20. 나는 질책보다는 칭찬이나 격려 등의 긍정적인 언행을 더욱 하는 편이다.	1	2	3

위의 체크리스트를 보면서 자신의 도덕적 품성을 점검해보길 바란다. 여기서 하나 더 말하자면, 노숙인을 위한 모금을 위해 다른 사람과의 연대를 강행하고, 더욱 공고히 하기 위해 설득과 협상에 나서는 지원자의 모습에서 기업의 채용 담당자는 깊은 감동을 느꼈을 것이다. 이러한 감동이 쌓이면 대상자에 대한 공감의 정도를 넘어 합격 여부에 중대한 영향을 줄 수 있다. 작은 사례지만 지원자들은 이러한 사례를 발굴하기 위해 노력해야 한다.

제 3 부

자기소개서,
어떻게 첨삭하며
완성하는가?

자기소개서
첨삭 과정

자소서는 면접관이 읽는 글이다. 글을 쓸 때 자기 옆에 면접관이 내 이야기를 듣고 있다는 상상하며 쓰기를 권한다. 그가 하는 직무는 능력있는 신입사원을 채용하여 회사의 성장을 도모하는 것이다. 자신의 삶에서 커다란 성취를 이룬 과정을 쓴다. 힘들고 어려운 고난을 극복한 경험을 최대한 살려내자. 단점일지라도 이를 장점으로 승화하여 성과를 이뤄낸 것, 단점이 강점이 된 사례를 쓰도록 한다.

지원동기 및 입사 후 포부는 업무와 관련하여 자신의 능력을 향상시킨 경험을 말한다. 이 경험을 회사에 입사하면 더욱 살릴 수 있다는 포부를 보여줘야 한다. 자신의 능력 향상이 회사의 발전과 함께 할 수 있다는 것을 자소서에 써야 한다.

면접관이 호기심을 갖고 읽을 수 있도록 쓰도록 한다. 이를 위해 두루뭉실한 표현보다 자신만이 체험한 독특한 경험을 생생하게 쓴다. 취업준비생들과 이야기를 하다보면 자소서에 쓸 스토리는 분명히 있다. 단지 이를 표현하는 방법을 모를 뿐이다. 체계적인 훈련을 한다면 충분히 쓸 수 있다. 첨삭은 인터뷰를 하여 지원자의 능력과 장점이 돋보이도록 하였다. 1차로 쓴 자소서를 4~5회의 코칭과 첨삭을 거쳐 완성하였다.

성장 과정을 쓰시오.
1차 작성

1차

"진통제로 레벨업"
→ 제목은 전체의 내용을 함축적으로 보여줄 수 있어야 한다. '취준생이 이런 이야기를 쓰겠구나'라는 호기심을 면접관이 가질 수 있는 문장으로 바꿀 수 있도록 한다.

육군 장교 후보생으로 훈련소에 입소하였습니다. 주특기는 정보보안이었습니다. 동기들과 함께 열심히 훈련에 임하였습니다. 발의 뼈에 금이 가면서 한 발자국도 걷기 힘들었고 고통스러웠습니다. 임무를 충실히 하고자 매일 진통제를 복용하며 유격훈련과 100㎞ 행군 등을 견뎠습니다.
→ 자신의 군 주특기가 정보보안이라고 썼다. 이후의 자소서 내용도 정보보안과 연관성이 있어야 한다. 정보보안과 관련이 없는 유격훈련은 글의 취지에서 아주 동떨어진 느낌이다.

제 3 부, 자기소개서, 어떻게 첨삭하며 분석하는가?

그러나 달리기 합격 커트라인을 통과하지 못해 병사로 쫓겨났습니다. 하지만 고통과 좌절이 앞에 있더라도 일단 끝까지 행하는 사람입니다. 고통을 못견디면 다음 목표를 달성하기 어렵습니다.

→좌절과 실패로 끝난 경험이 아니라 고난이 닥쳐왔지만 이를 극복하고 성공과 성취를 이룬 경험을 제시한다면 훨씬 설득력 있는 자소서가 될 것이다.

버락 오바마가 "지금 달린다면 패배할 가능성이 있지만, 달리지 않는다면 패배한 것입니다."라고 말했습니다. 뼈를 깎는 한이 있더라도 목표를 향해 정진할 것입니다.

→지원자의 성장과정을 쓰는 항목이다. 자신만의 구체적이고 독특한 경험을 제시하는 것을 써야한다. 상투적인 글귀나 문구보다는 직접적으로 자신이 아니면 할 수 없는 성공의 경험을 쓰도록 한다.

[항목 1] 전체에 대한 ADVICE :

삶에서 실패로 끝난 사건보다 성공하여 결과가 있는 경험으로 대체하면 어떨까? 기업의 인재상과 경영방침, 인재상을 다시 한번 확인하도록 한다. 자소서의 내용은 비록 힘들고 어려웠지만 이를 이겨내고 성공한 모습을 쓰는 것이 더 좋다. 사람들은 어려움을 극복하고 성공한 스토리에 관심을 갖고 본다. 특히 기업이라면 더욱더 성공 경험을 볼 것이다.

자신의 삶에서 역경을 극복하고 성공한 최근의 사례를 자세하게 적어보라. 특히 심리상태가 어떻게 변화했는지를 꼭 쓰도록 한다. 군 경험보다는 취업하고자 하는 회사에 맞는 정보보안 관련 프로젝트를 선택한다. 동료들과 함께 진행했던 프로젝트에서 자신이 한 역할을 쓰도록 한다. 프로젝트를 진행하다보면 필연적으로 팀원과의 의사소통의 문제나 갈등이 발생한다. 이를 극복하고 성과를 낸다면 면접관을 설득할 수 있는 자소서가 될 것이다.

첨삭 코칭 이후 재작성

"포기란 없습니다. 패배도 없습니다."

캡스톤 디자인 작품으로 GNS3를 이용한 가상 네트워크 환경을 구축했었습니다. 의기투합한 팀원들이 의욕적으로 프로젝트를 시작했습니다. 막상 프로젝트를 진행하니 온갖 버그가 나타나 프로젝트가 여러 번 충돌했습니다. 심지어 다 날라가서 처음부터 다시 하는 경우가 다반사였습니다. 팀원들의 불만이 폭주하고 새 프로젝트를 찾자는 의견이 분분했지만 묵묵히 진행했습니다. 팀원 간에 발생할 수 있는 충돌을 예방하고자 다독이며 '할 수 있다'는 자신감을 불어넣었습니다. 마감 기한 전까지 프로젝트를 완성할 수 있었고 '해낼 수 있다'는 자신감을 얻었습니다. 처음 프로젝트를 시작할 때 막막했지만 팀원들과 함께 해결 방법을 모색하고 의견을 제시하는 과정에서 해결 방법을 찾을 수 있었습니다. 앞으로 어떤 프로젝트를 할지라도 해낼 수 있다는 자신감을 얻었습니다.

※ 자신의 성격의 장단점을 쓰시오.

1차 작성

"두더지처럼 파고들기"

→ 첫문장은 매력과 호소력이 있어야 한다. 음식을 먹을 때 첫 번째 숟가락을 들었을 때 맛없으면 더 이상 건드리지 않는다. 글도 마찬가지다. '두더지처럼 파고들기'를 좀 더 세련된 문장으로 바꿔본다.

제 3 부. 자기소개서, 어떻게 첨삭하며 분석하는가?

저는 한 번에 여러 가지를 하는 멀티태스킹을 못합니다. 일 할 때 너무 심취한 나머지 팀장님께서 저를 부르는 목소리를 왜 못 들었냐면서 답답하실 때가 많이 있었습니다.

→ 단점이기보다는 충분히 장점이 될 수 있다. 몰입하여 과업을 해낸 사례와 연결할 수 있으면 훌륭한 내용이 될 것이다. 현장에서 실제 있었던 경험과 연결시켜 쓰도록 한다.

일에는 우선 순위가 있으니 순서를 정하라는 가르침을 받았지만 성격이 그래서인지 잘 안됐습니다. 시간이 흐르니 저를 파악했는지 저에게 알맞는 일을 주셨습니다. 사업계획서를 작성하면 팀장님께서 발표하셨고 ERP 데이터베이스를 관리하며 직원들의 매뉴얼 이해와 상품관리 등을 도맡았습니다.

저는 성격상 주어진 한 임무를 완수하지 않으면 걱정이 되고 잠이 안 옵니다. 제게는 일이 생존욕구와 같습니다. 밤을 굶고 잠을 포기하며 시간을 쪼개서 일을 끝내야 마음이 편안해집니다. 이왕이면 다홍치마라고 다른 사람이 해도 쉽게 할 수 있도록 깔끔한 정리와 자세한 설명을 항상 붙였습니다.

앞으로도 제가 맡은 일을 꼼꼼히 해내고 지나온 길을 만드는 두더지가 되겠습니다.

→서두의 제목을 다시 한번 나열했다. 군더더기라고 생각한다. 삭제해도 무방하다.

[항목 2] 전체에 대한 ADVICE :
'두더지처럼 파고들기'를 도입부로 썼는데, 좀 더 긍정적인 문장으로 바꾸면 좋을 것 같다. 글의 전체적인 내용을 보면 '몰입'과 '완수'가 가장 커다

란 장점이다. '몰입하여 끝까지 결말을 보는 것이 최대 장점입니다.'로 바꾸는 것을 권유한다. 단점보다 장점을 드러내는 것을 면접관이 훨씬 선호할 것이다. 물론 단점이 꼭 나쁜 것은 아니다. 단점도 장점으로 활용할 수 있다. 하지만 단점을 쓸 때는 이를 극복한 사례를 반드시 제시해야 한다.

다음과 같이 면접관이 편하게 읽도록 전체적인 글의 짜임새를 교정하여 보면 좋겠다.
1.언제 어디에서 어떤 일을 하였습니다.
2.우리 팀의 과제는 무엇이었습니다. 팀장님께서 제게 맡겨주신 임무는 무엇이었습니다.
3.과업을 해결하기 위해 제가 생각한 것은 무엇이었습니다.
주어진 임무를 완수하지 못하면 걱정이 되고 잠을 못잡니다. 저에게 업무를 완성하는 것은 생존욕구와 같습니다. 밥을 굶고 잠을 포기하더라도 일을 끝내야 마음이 편합니다.
4.가끔은 몰입이 지나쳐 ~~한 문제가 있기도 하였습니다. 그렇지만 이 단점을 이렇게 활용하였더니 다음과 같은 좋은 결과가 나왔습니다.

첨삭 코칭 이후 재작성

코칭 후

"몰입하면 끝까지 결말을 보는 것이 최대 장점입니다."

2021년 ○○○○에서 ERP시스템을 관리하는 업무를 맡았습니다. 우리 팀의 과제는 복잡한 ERP시스템을 쉽게 사용하는 것이었습니다. 특히 임원과 연세 드신 직원들이 쉽게 사용할 수 있도록 교육하는 일이었습니다. 맡은 임무는 교육자료를 만드는 것이었습니다. 이를 해결하기 위해 제가 생각한 것은 업무에 가장 필요한 부문만 추려내어

PPT로 작성하는 것이었습니다. 많은 내용보다 실제로 일을 하는데 쓸 수 있는 것으로 만들었습니다. 제가 만든 PPT를 보시고 팀장님과 과장님께서 피드백을 하여 부족한 부분을 채워주었습니다. 교육매뉴얼이 성공적으로 만들어졌습니다.

주어진 일을 끝내지 않으면 걱정이 되고 잠을 못잡니다. 저에게는 생존욕구와 같습니다. 밥을 굶고 잠을 포기하며 시간을 쪼개서 일을 마쳐야 마음이 편합니다. 업무를 하다보면 몰입이 지나쳐 팀장님이 부르는 목소리를 못 듣기도 했습니다. 그러나 이 단점은 프로젝트를 만드는데 오히려 장점이 되었고 완성도가 좋은 결과를 얻었습니다.

※ 입사를 지원한 동기와 입사 후 포부를 작성하시오.

1차 작성

1차

"경험을 쌓은 최고의 서포터"
→ '지금까지 어떤 일을 했는가'보다 앞으로 이렇게 하겠다는 미래의 포부를 보여주는 자신감 있는 표현이 필요하다.

학교 다닐 때부터 보안관제 장비의 이론과 실제 경험을 했습니다. 외부의 위협으로부터 자산을 지키는 방법에 흥미가 있었습니다. 게이트 방화벽인 소닉월, 웹 방화벽으로 임퍼바, 라드웨어 앱솔루트비전 등 다양한 장비를 다뤄보면서 실전 경험을 쌓았습니다. 졸업 전 캡스톤 디자인 때는 GNS3을 이용해 가상네트워크 환경을 구축하여 공격과 방어를 테스트 해보았습니다.

이렇게 네트워크 및 앤드 포인트의 위협을 예방하는 각종 장비를 배 웠지만 여전히 목이 말랐습니다. 보안 업계 최고의 전문가분들의 밑 에서 노하우를 배우고 싶습니다. 입사하게 된다면 국내 1위를 넘어선 아시아 1위 인포섹이 되도록 선배님들을 도와주면 최고의 네트워크 엔지니어에 도전하고 싶습니다.

→ '당신은 우리 회사에 입사한다면 어떠한 일을 할 것인가?'를 묻고 있 다. 막연하게 최고의 전문가들에게 노하우를 배우고 싶다는 표현보다 좀 더 구체성이 있어야 한다. '회사와 함께 세상을 이렇게 변화시킬 것이다' 라는 비전을 제시해야 한다.

[항목 3] 전체에 대한 ADVICE :

회사는 입사한 사람과 함께 일을 하여 수익을 내고, 이를 함께 공유하는 조직이다. 입사를 지원한 동기로 다양한 장비를 다루고, 실제 네트워크 일을 한 경험은 아주 유용하다고 생각한다. 지원하는 회사에 딱 들어맞는 경험을 했다고 생각한다.

입사 후 포부는 앞으로 세상이 어떻게 변화할 것이며 그렇기에 어떤 분 야를 준비해야 할지 미래의 비전을 제시하면 좋겠다. 자신의 관심 분야와 기업이 고민하는 미래의 모습이 있어야한다. 홈페이지나 웹에서 회사가 가고자 하는 미래의 발전 방향을 파악하고 자신이 성취하고 싶은 일이면 더욱 좋겠다.

첨삭 코칭 이후 재작성

"AI분야의 최고 기술자가 되고자 합니다."

학교 다닐 때부터 보안관제 장비의 이론과 실제 경험을 했습니다. 외부의 위협으로부터 자산을 지키는 방법에 흥미가 있었습니다. 게이트 방화벽인 소닉월, 웹 방화벽으로 임퍼바, 라드웨어 앱솔루트비전 등 다양한 장비를 다뤄보면서 실전 경험을 쌓았습니다. 졸업 전 캡스톤 디자인 때는 GNS3을 이용해 가상네트워크 환경을 구축하여 공격과 방어를 테스트 해보았습니다. 이렇게 네트워크 및 앤드 포인트의 위협을 예방하는 각종 장비를 배웠지만 여전히 목이 말라 있습니다.

네트워크를 넘어선 AI분야를 좀 더 연구하여 정확하고 빠르게 외부의 위협에 대응하는 시스템을 만들고 싶습니다. AI는 앞으로 세상을 더 빠른 속도록 발전시킬 것입니다. 사람이 분석하는 시간을 아끼고, 좀 더 지능적인 위협에도 쉽게 대응할 수 있도록 할 것입니다. 매일매일 인공지능에 관심을 갖고 연구하고 있습니다. 이를 사람들이 생활에서 쉽게 응용할 수 있는 시스템을 만들어보고자 지원하였습니다.

⁂ 업무수행과 관련하여 자신의 강점을 작성하시오.

1차 작성

"막힘 해결사"

→ 자신을 '막힘 해결사'라고 표현했다. 업무를 수행하는 도중 막혀버리면

이를 해결하는 역할을 잘 수행한다고 작성하였다. 자신이 직접 막힘을 해결한 구체적인 사례를 들어 글을 작성하라.

저의 강점은 분석력입니다. 현재 AI 개발을 해보려고 파이썬 온라인 강의를 이수하며 공부를 하고 있습니다. 개발 과정에 어떤 구문에서 버그가 발생하여 막히면 웹 검색으로 해결 방법을 찾아봅니다. 검색을 하면 사람들이 많이 추천하고 버그를 잘 잡아내는 모듈이 있습니다. 모듈을 그대로 사용할 수도 있겠지만 어떤 방식으로 작동하는지 제 생각을 더해서 그림을 그려봅니다. 저의 생각이 맞는지 강사님께 물어보며 올바른 길로 갔는지 피드백을 받아보고 다른 점이 있으면 다시 그림을 그리며 생각을 해봅니다. 이러한 방법들이 제 것이 되면 다음에 비슷한 방식으로 막혔을 때, 금방 머리에서 꺼내어 사용할 수 있습니다.

→업무의 수행보다는 지식의 습득에 머무른 경험이다. 습득한 지식을 직접적인 업무에 활용한 경험을 제시하여야 한다.

뛰어난 정보 수집과 모든 경우의 수를 찾아내는 창의력으로 막히는 일이 있으면 시원하게 해결하겠습니다.

→너무 막연하고 구체성이 떨어진다. 지원하는 업무수행과 관련하여 글을 마무리 하는 것이 필요하다.

[항목 4] 전체에 대한 ADVICE :
분석력이 자신의 장점이라고 했다. 실제로 자신이 업무에서 구체적으로 분석했던 과정을 쓰면 좋겠다. 자신의 유일한 경험을 살리는 것이 가장 중요하다. 파이썬을 활용한 사례와 피드백을 받아 좀 더 정교한 과정을 만들어 성공한 사례를 써보도록 한다. 일관되게 업무를 수행하고자 했던 분석과 문제점을 해결하는 피드백을 자소서에 작성하도록 한다.

제 3 부, 자기소개서, 어떻게 첨삭하며 분석하는가?

123

첨삭 코칭 이후 재작성

"분석과 피드백은 업무의 완성도를 높입니다."

파이썬 온라인 강의를 이수하면서 AI 개발을 하고자 연구를 진행했습니다. 이 과정에서 json을 불러 dumping을 하는데 버그가 발생했습니다. 이를 해결하기 위해 Stack Overflow에 도움을 요청했더니 generator expression을 이용한 데이터 핸들링이었습니다. 이를 응용하여 공공API를 받아 제가 사는 지역의 영화 순위를 출력할 때 dict=next(item for item in rmrwkd if item["korNm"]=="○○시"), False)라는 코드를 작성했습니다. next함수를 generator expression로 사용했습니다.

for문이 작동하며 json을 list로 변환시킨rmrwkd 데이터에서 이에 대한 피드백을 강사님께 요청하니 generator 일회용 객체로 korNm이 "○○시"인 반복 가능한 이터레이터를 찾는 것이라 생각했습니다. 강사님께 질문 했더니 generator 일회용 객체로 next(iterator, default) 함수를 사용하는 방법을 알려주었습니다. 성공적으로 json 리스트 객체에서 원하는 값을 가져올 수 있었습니다.

좀 더 효율적이고 빠른 방법이 있으면 다시 설계를 하였습니다. 과제를 완성하고자 다양한 피드백과 자료를 찾는 일은 시간을 아끼고 효율적인 코드를 작성할 수 있었습니다. 문제를 정확하게 파악하는 분석력과 이를 해결하기 위해 피드백을 잘 받아들이는 마음으로 낮은 에러율, 높은 효율을 발휘하며 보안이 뛰어난 네트워크를 만들겠습니다.

❊ 자신의 단점을 장점으로 활용하기

누구든지 장점과 단점이 있다. 자소서를 작성할 때 단점을 장점으로 활용한 사례를 제시해 본다. 업무에 따라 단점을 의외의 역량으로 내세울 수 있다. 지원자는 감정의 기복이 거의 없이 꾸준하게 자신의 맡은 바를 해내는 성격이었다. 이를 경제학 용어인 '탄력성'으로 자신을 표현하였다. 훌륭한 자기소개다.

저의 마지막 역량을 경제 용어로 설명하자면 저는 탄력성이 낮은 사람입니다. 어떠한 급변화와 외부의 방해요소가 있어도 항상 긍정적인 사고와 강인한 멘탈을 소유하고 있습니다. 외부환경이 변할지라도 쉽게 흔들리지 않고 할 일을 끝까지 수행하는 스타일입니다. ○○에 입사해 이러한 핵심 역량을 이용해 업무를 제대로 수행하는 사원이 될 것을 약속드립니다.

대졸 취업 자기소개서 사례

실제 합격자의 자소서를 기반으로 작성하였다. 다만 작성자의
신분이 드러나지 않도록 일부 내용은 각색을 하였다. 각 기업의 자
소서의 내용 중 중첩되는 부분은 하나만 등재하였습니다.

**자신이 지원하는 지역에 대해 자세히 설명하고, 그곳에 근무하기
위해 갖추고 있는 역량을 기술하시오.**(1000bytes)

작성포인트: 금융서비스업의 특성에 가장 어울리는 단어가 친절이라
생각했습니다. 단순한 친절이 아니라 고객의 불만을 파악하고 이를
해결했던 경험을 작성하였습니다.

친절과 적응력을 몸소 단련
○○○○년 설 연휴 범죄 예방을 하는 청원경찰 아르바이트를 1주일
했습니다. 조그만 시골 지점의 주 고객은 어르신이었습니다. 연세가

있으셔서 ATM 사용이 서툴렀습니다. 기계를 신뢰하지 못하여 단순 입출금도 창구 이용을 고집하셨습니다. 그분들의 생각과 다른 대출이 자금과 쌀, 비료 등의 가격이 조금만 인상되어도 쉽게 언성을 높이고 화를 내셨습니다.

직원분이 어르신들에게 미소로 여러 차례 반복되는 설명을 하는 것을 보았습니다. 은행 업무에서 가장 중요한 능력은 '친절'이라는 것을 배웠습니다. 어르신들의 창구 안내와 ATM사용법을 알려드리고 술 취한 분들이나 언성을 높이는 분들을 달래 댁으로 인도하여 주었습니다.

제가 지원하는 곳은 대도시에 비해 삶의 인프라가 떨어지는 곳입니다. 어렸을 때 도시와 시골 모두에서 살아봤기에 대도시와 시골의 두 곳의 차이와 특징을 잘 파악하고 있습니다. 어느 지점이라도 빨리 적응하고 고객을 친절하게 응대하며 생활 할 자신이 있습니다.

자신의 의견을 타인에게 설득한 경험에 대해, 어떤 과정과 결과가 있었는지 기술하시오. (1000bytes)

작성포인트: 아르바이트 하면서 고객의 컴플레인으로 힘든 상황을 반전시킨 경험을 적었습니다. 당시에 그만두고 싶다는 생각을 했지만 그래도 제대로 하여 성과를 내보겠다는 각오와 행동을 썼습니다.

친절한 말 한마디로 상황을 반전

○○○○년 여름에 심야전기 보일러의 계량기를 봉인하는 아르바이트를 했습니다. 무더위와 전신주 번호만으로 천여 세대의 가구를 찾는

것, 냄새 나는 축사에 작업하는 것 등 고충이 많았습니다. 가장 힘든 것은 어르신께서 화를 내시며 나라에서 세금을 올리려고 괜히 쓸데없는 짓을 한다고 핀잔을 주시거나 욕을 할 때였습니다.

하지만 상황만 탓하기보다 '즐겨보자'로 생각을 바꿨습니다. 거부감을 해소하고자 첫 만남의 인사말을 달리했습니다. "작업하러 왔습니다."를 "어르신 그동안 잘 지내셨어요"로 바꿨습니다. 이후 신기하게도 욕을 하는 분이 한 분도 없었습니다. 작업을 할 때에 대화를 하며 친근한 분위기를 이어갔습니다. 물 한 잔 주시며 '수고 많다'는 칭찬을 하시는 분도 계셨습니다. 덕분에 마무리까지 매끄럽게 끝냈습니다.

일을 할 때 현장의 분위기에 맞는 첫인상과 대화가 얼마나 중요한지를 배울 수 있는 중요한 계기였습니다.

자신이 가장 강한 의지를 불태웠던 경험과 그 결과에 대해 기술하시오. (1000bytes)

작성포인트: 전공 강의에서 팀을 만들고 함께 전문능력을 키워 결과를 만든 프로젝트 실행 경험을 기술했습니다.

전문화가 가장 강력한 힘이다.

'아세트산(Acetic acid)제조 공정'을 3학년 2학기에 수강한 '공정설계'의 최종 과제로 선정해 설계를 진행했습니다. 제 업무는 '공정도 작성'이었습니다.

이전에는 공정도 작성에서 PPT 도형을 활용해 단순하게 공정의 순서만 만들었습니다. 우리 팀만의 차별성을 나타내고자 공정모사 프로그램 USIM으로 보다 전문화된 설계도를 작성하는 것을 목표로 설정했습니다.

처음 사용이라 이것저것 눌러보며 몸으로 익힐 수밖에 없었습니다. 성과없이 며칠을 보내니 '예전 방법으로 할 수밖에 없겠다.'며 나약한 생각을 했습니다. 그때 '스스로 부끄러운 사람이 되지 말자'고 마음을 다잡았습니다. 웹에서 프로그램 강의 자료를 받아 공부하며 마침내 공정도 작성에 성공했습니다.

발표 자료에 전문성을 갖췄다는 평가를 받고 1등을 했습니다. 이를 계기로 4학년 1학기에 배울 프로그램을 미리 경험하는 계기가 되었습니다. 다른 무엇보다 한 걸음 더 성장했다는 자부심이 생겼습니다.

최근 자신이 가장 힘들었던 경험은 무엇이었으며, 어떻게 극복하였는지 기술하시오.(1000bytes)

작성포인트: 돌이켜 보면 누구나 자신의 모든 열정과 능력을 넣고 최선을 다한 경험이 있습니다. 어떤 것이든 상관이 없습니다. 그 과정에서 필연적으로 만나는 어려움과 이를 극복하면서 배운 덕목과 이를 통해 앞으로 회사생활를 어떻게 하겠다는 모습을 보여주면 좋겠습니다.

의사소통으로 성장을 만들다.

검도 동아리 ○○의 회장을 맡아 중앙동아리로 만든 것이 가장 소중한 추억입니다. ○○은 동아리 승격심사를 받고 불합격하면 모든 지

제 3 부. 자기소개서, 어떻게 첨삭하고 분석하는가?

원이 끊기고 해단될 상황이었습니다.

최종 심사를 앞두고 회장을 맡았습니다. 회장은 무엇보다 검도 실력을 갖춰야 하고, 그래야만 동아리를 키울 수 있다고 생각했습니다. 하지만 마음처럼 몸이 따라주지 않았습니다. 낙담하고 스스로를 책망하는 자격지심이 들었습니다. 동아리를 위해서는 빨리 그만두어야 한다는 생각이 여러 번 들었습니다. 하지만 맡은 일이기에 끝까지 해내겠다는 각오로 버텨냈습니다.

다른 시각으로 동아리를 보았고, 학생회에서 키운 운영 능력을 적용했습니다. 회장 중심의 동아리에 부서제를 도입하였습니다. 기획부와 총무부, 훈련부, 홍보부로 조직을 편성하고 부장을 선출해 전문화했습니다. 매주 운영회의를 열어 현안에 대한 해결책을 구상하고 실행했습니다. 그 결과 중앙동아리로 승격했습니다. 리더의 판단과 의지, 구성원들의 노력이 의사소통으로 잘 결합시켜 내는 것이 성장의 원동력임을 몸소 배웠습니다.

이 경험을 살려 어떤 직책을 맡더라도 능동적으로 문제를 해결하도록 하겠습니다. 저의 의지와 함께 하는 구성원들이 의욕적으로 참여할 수 있도록 하겠습니다. 원활한 의사소통으로 업무를 잘 할 수 있도록 노력할 것입니다.

지원 직무 관련 자신이 갖춘 역량에 대하여 구체적으로 기술하여

주십시오.(수강과목, 교내외 활동, 남다른 지식이나 재능 등) (700자)

작성포인트: 엔지니어를 채용하는 제조업에 지원했습니다. 전공분야에서 했던 실험과 프로젝트가 직무역량과 연결되었습니다. 아르바이트를 기술하면서 책임감과 능동성을 강조하였습니다.

'주인의식'과 '의사소통능력'을 겸비한 엔지니어

4-2학기에 수강한 '화공종합설계' 과목에서 'DPCU 설계'라는 주제로 공정 설계 프로젝트를 진행했습니다. 협의를 통해 팀원들과 공정을 3개의 section으로 구분하였고 balance 계산, 장치의 stage수 계산, UNISIM 프로그램 구현 등으로 세부 업무를 분담하였습니다. 그 결과 recycle 위치에 따른 공정을 비교하여 마감일까지 성공적으로 최종 공정을 완성시켰습니다.

생산기술 엔지니어는 공정의 issue를 인식하고 공정설계, 경영지원, 품질 등 타부서와의 협업을 통해 문제를 해결할 수 있는 능력이 중요한 직무라고 생각합니다. 전공 프로젝트 경험을 살려 효율적인 소통을 바탕으로, 팀워크를 통해 최적의 방안을 도출하도록 노력하는 유기적인 엔지니어가 되겠습니다.

또한 안정적인 공정 운영을 위해 책임감은 필수입니다. 대학교 재학 때, 고전류가 흐르는 '심야전기 계량기 봉인 작업' 아르바이트를 했습니다. 제가 살고 있는 고장의 대형 사고를 막을 수 있다는 책임감을 가지고 작업에 임했습니다. 또한 새로운 곳에서 배운다는 능동적인 자세로 임해 주어진 기간 내에 작업량을 모두 완료했습니다.

책임감을 넘어 주인의식으로 공정에 대한 체크리스트뿐 아니라 그 외적인 요소도 꼼꼼히 찾아내고 발견한 사항을 DB화하여 가이드라인을 만드는 능동적인 엔지니어가 되겠습니다.

제 3 부, 자기소개서, 어떻게 첨삭하고 분석하는가?

지원 사업부 또는 직무에 지원하게 된 동기와 본인이 지원하는 사업부의 시장 경쟁력을 높이기 위한 방안을 기술하여 주십시오.(700자)

작성포인트: 현재 회사가 미래 성장의 원동력으로 집중하고 있는 사업을 조사하였습니다. 포털에서 2년간 기사를 찾아 정리하였습니다. 회사의 브랜드 가치를 올리는 방향을 제시하였습니다.

꿈과 소명을 이룰 수 있는 유일한 기업

엔지니어의 기본 소양은 기술성과 경제성을 동시에 고려하는 '기술의 경제성'입니다. 기술의 경제성은 공정에 대한 이해를 바탕으로 이루어진다고 생각합니다. 때문에 공정제어, 공정설계 등 공정 전반을 이해하는데 중점을 두는 과목들을 이수하였고, '화학공학의 궁극적인 목적은 올바른 지식의 사용으로 사람들의 삶의 질 향상에 기여해 인류 발전에 공헌한다.'는 소명을 이룰 수 있는 화공 엔지니어로서 성장하고자 노력했습니다.

때문에 생산기술 분야에서 일하면서 제품의 생산계획과 설계된 품질에 맞게, 주인의식을 가지고 제품 생산을 책임지고 싶습니다.

○○은 스판덱스의 세계 1위 기술경쟁력을 가지고 있습니다. 하지만 뛰어난 성능만큼 "스판덱스는 ○○이다."라는 대중들의 인식은 높지 않은 점이 아쉽습니다.

의류 브랜드인 '노스페이스'가 제품들마다 '고어텍스'라는 라벨을 붙여 대중에게 "고어텍스 라벨이 붙은 노스페이스 제품은 프리미엄이다."라는 인식을 심었습니다. 심지어 "그거 노스페이스 제품이야?"가 아닌 "그거 고어텍스야?"라고 먼저 묻는 결과를 낳았습니다.

때문에 ○○의 스판덱스인 '크레오라'의 라벨을 만들어 유명 브랜드의 제품들 중 프리미엄 제품에 붙인다면 브랜드의 대중화 및 시장 경쟁력 강화에 도움이 될 것입니다.

기존과는 다른 방식을 시도하여 이전에 비해 조금이라도 개선했던 경험 중, 가장 효과적이 었던 것은 무엇입니까? 그 방식을 시도했던 이유, 기존 방식과의 차이점, 진행 과정에서 했던 행동과 생각, 결과에 대해 최대한 구체적으로 작성해 주십시오.(1000자 10 단락 이내)

작성포인트: 자신에게 주어진 상황이 어떠하든 이를 개선하고자 했던 노력이라면 다 작성해도 괜찮습니다. 합격했던 곳은 제조업이었지만 학부 때 했던 실험 등의 과정을 쓰기보다 확실하게 성과를 냈던 과외 경험을 썼습니다.

휴학했을 때 8개월 간, 수학 공부방에서 전담선생님 아르바이트를 했습니다. 인수인계 마지막 날 전임 선생님으로부터 한 가지 부탁을 받았습니다. 초등학교 2학년 여자아이인데 좀처럼 학습에 집중하지 못해 부모님으로부터 특별 관리를 해줄 것을 부탁받아 지금까지 자신의 옆에 앉히며 공부를 시켰다는 것입니다. 따라서 앞으로도 지금까지 해온 것처럼 관리해줄 것을 부탁했습니다. 실제로 옆에 앉혀 가르쳐보니 의욕이 없고 친근하게 대화를 해보려고 해도 말이 일절 없어 아이의 생각을 알 수가 없었습니다.

한 달쯤 시간이 흐르고 한번은 제가 "혹시 대답하기 창피하니?"라고 물었고 그때 아이가 고개를 끄덕였습니다. 부모님과 선생님 입장에서 아이를 위한 것이라고 생각했던 방법이 그 아이에게는 혼자만 다른 방식으로 인해 주목을 받게 되어 부담스러웠던 것은 아닌지 생각하게 되었습니다.

그래서 저는 다음날부터 기존과는 다르게 다른 아이들처럼 자율적으로 자리를 정하고 모르는 것을 선생님에게 들고 오라고 말했습니다. 처음 며칠은 어색한지 질문하러 나오지 않았고 시간이 끝나갈 무렵까지 기다렸다가 책을 검사해보면 3~4문제 푼 것이 전부였습니다. 저는 지도방법에 대해 다시 고민하게 되었습니다.

하지만 이전의 방법은 더 이상 아이에게 도움이 되지 않을 것이라는 판단에 제가 직접 아이 옆으로 가서 학습량을 함께 정하고 필요할 때마다 지도를 했습니다. 점차 제가 옆에서 지도해 주는 비중을 낮추고 아이도 친구들 틈에서 스스로 꾸준히 학습 능력을 키워나가니 6개월 정도 지났을 때는 질문도 하러 나오고 혼자서 학습 분량을 해결하는 데까지 이르게 되었습니다.

부모님과 원장님 모두 아이의 학습 태도에 놀라시며 저를 격려해 주셨지만 그보다 저는 다른 아이들처럼 학교에서 있었던 일을, 먼저 저에게와 이야기하는 변화된 모습을 보여준 아이에게 고마웠습니다. 상대방의 입장에서 생각하는 것은 성인들 사이에서나 필요하다고 생각했던 제 생각의 틀을 깨준 값진 시간이었습니다.

입사 후 어떤 일을 하고 싶으며, 이를 위해 본인이 무엇을 어떻게 준비해 왔는지 구체적으로 기술하십시오.(1000 자 10 단락 이내)

작성포인트: 반도체 제조업의 특성상 제품 생산의 공정을 시스템화 하는 것이 가장 중요하다고 파악했습니다. 시스템의 안정을 위해 생산기술 발전을 위한 기술 개발에 초점을 맞췄습니다. 공정과정에서 전공과 관련하여 공부한 것을 기술하였습니다.

공정(제조)분야에서 일하면서 제품의 생산계획과 설계된 품질에 맞게 주인의식과 을 가지고 제품 생산을 책임지고 싶습니다. 이미 세계적 수준의 경쟁력이 있는 ○○○이지만 앞으로도 세계 시장을 견인하기 위해서 안정적이고 혁신적인 생산기술 및 공정은 필수적이라고 생각합니다.

이를 위해 입사 초에는 심층적인 공정 교육을 통해 회사에 맞는 인재로 성장하고 또한 선배들의 생생한 노하우들을 습득하여 실무능력을 향상시킬 수 있도록 집중하겠습니다. 입사 5년 후에는 공정 과정의 선후 과정 간의 인과관계를 파악하여 공정 이해도를 높이도록 노력하겠습니다. 입사 10년 후에는 그동안의 경험을 바탕으로 생산기술 향상에 대한 제안도 하고 기회가 된다면 직접 공정기술 개발에 참여하겠습니다.

공정(제조)분야에 적합한 인재가 되기 위해 생산 공정 및 반도체와 관련된 전공 지식을 쌓았습니다. 반응 공학, 열전달, 공정설계 과목에서 'PVC의 염소화공정 해석', '디자인에 따른 집적열교환기의 설계', 'Acetic acid 제조 공정'이라는 주제로 설계 과제를 진행하며 다양한 생산 공정을 해석하고 구현해 보았습니다.

특히 반도체와 관련해서 4-1학기에 반도체 제조 공정이라는 과목을 수강했습니다. 주요 학습 내용은 Lithography, Diffusion, Ion implantation, Etch, Deposition이었습니다. 학습하면서 Wafer의 특성 변화, 식각, 세정 등을 위해 화학 반응 mechanism이 쓰이는 것을 알게 되었고 따라서 화학공학도가 반도체 제조 공정에 필수적임에 매료되었습니다. 반도체와 직접적으로 관련하여 처음이자 마지막일 수 있는 과목이기에 집중력을 높여 수강했고 A+라는 좋은 성적을 거둘 수 있었습니다.

급성장하는 스마트 제품들의 원동력인 DRAM, 플래시메모리, CIS를 생산하는 ○○○에 입사하여 세계 제1의 회사를 만드는 것과 화학공학의 궁극인 인류의 삶의 질 향상에 이바지하고 싶습니다.

최근 사회이슈 중 중요하다고 생각되는 한 가지를 선택하고 이에 관한 자신의 견해를 기술해 주시기 바랍니다.(1000자 이내)

작성포인트: 새롭게 사회적 주제로 떠오르는 ESG경영과 중대재해처벌법을 연관시켰습니다. 산업재해는 기업의 이미지를 추락시키기에 이를 예방하고자 노력해야합니다. 중대재해는 기업경영의 커다란 리스크가 되기에 안전예방을 중점적으로 기술하였습니다.

ESG경영으로 안전예방을

2025년부터 2조원 규모의 상장사는 ESG가 의무화됩니다. 비재무적인 사회적 책임 활동이 기업의 새로운 평가가치가 되었습니다. 기업은 이제 수익만이 아니라 비재무적인 ESG(환경·사회·지배구조)도 생각하며 지속가능한 발전을 노력해야 합니다. 기업의 가치를 판단할 때, 회사를 안전하게 경영하는 것을 파악합니다. ○○○○○업 공장에서 발생한 폭발사고는 중대재해처벌법 적용 대상입니다. 중대재해는 사망자 1명 이상과 동일한 사고로 6개월 이상 치료가 필요한 부상자 2명 이상, 동일한 유해 요인으로 급성중독 등 직업성 질병자가 1년 이내에 3명 이상 발생한 경우입니다.

중대재해처벌법의 목표는 처벌이 아니라 기업경영에 안전을 우선하고 의식과 관행을 개선하여 막대한 피해를 주는 중대재해를 예방하고 감소시키는 것입니다. 산업재해는 예방이 가장 중요하기에 교육과 스마트 안전 기술을 지속적으로 개발하여야 합니다.

'누군가의 의도'에 의한 것이 아닌 '함께 발전하는 과정'에서 발생하는 산업재해에서는 사고가 발생한 기업, 현장에서 일하는 근로자, 관련 국가, 지역 주민 등 모두가 피해자라고 생각합니다. 기업의 입장에서는 그동안 쌓아온 기업의 명성과 신뢰를 한 번에 무너뜨리는 결과를 낳고 근로자와 가족들은 고귀한 생명을 잃게 되며 국가적으로 산업 기반이 흔들리고, 지역 주민들은 각종 공해에 시달리게 된다는 점에서 더욱더 치명적입니다.

산업재해의 원인은 복합적으로 얽혀 단순하지 않은 경우가 대부분입니다. 따라서 사고발생 후 특정 누군가에게 책임을 넘기기보다 사고를 줄이기 위해 모두가 한걸음 더 예방에 다가가는 수밖에 없다고 생각합니다.

이미 우리 사회에 훌륭한 수많은 매뉴얼과 지침이 있습니다. 기업과 사회는 이를 준수할 수 있도록 철저한 교육을 실시하고 의무화해야 한다고 생각합니다. 개개인은 발생한 사고에 대한 비판을 넘어서 주변 작은 것부터 안전예방에 힘쓰는 행동으로 이어져야 합니다. 결과적으로 우리 모두가 '안전우선'이 사회 전반에 걸쳐 의식화 및 생활화 될 수 있도록 함께 노력해야 아픔 속에서도 성장하는 사회가 될 것입니다.

소위 말하는 스펙(학교, 학점, 전공, 어학점수 등)을 제외하고 회사가 귀하를 채용하기 위하여 반드시 알아야 할 것이 있다면 무엇이고 그 이유에 대하여 작성해주세요.(700자)

작성포인트: 제 자신의 생활신조를 썼습니다. 생활신조에 맞게 어떤 삶을 살았고, 회사에 입사해서도 이를 어떻게 실행할 것인가를 작성하였습니다.

자격을 갖춘 사람

생활신조는 "자격 갖춘 사람이 되자"입니다. 그룹에서 대표가 될 때, 남에게 조언해줄 때, 심지어 여가를 보낼 때 등 이들을 할 자격이 있는지 항상 생각합니다. 물론 앞으로 살아가면서 "자격이 된다."라고 장담할 수 있는 때는 없을 것입니다. 그 말은 곧 완벽하다는 의미이기 때문입니다. 다만 스스로 부끄럽지 않은 팀원, 리더, 가족, 선후배가 되기 위해 끊임없이 노력한다면 점점 자격을 갖춘 사람에 가까워질 것입니다.

수시로 자신을 돌아보게 해주고 자극제가 되어주는 생활신조에 연장해, 입사하게 된다면 "자격을 갖춘 구성원이 되자"는 직장관을 가지고 인성과 역량을 끊임없이 개발하고 단련시키겠습니다. 이 점만 명심한다면 노력이나 성과에 대한 보상 또는 다른 사람들에게 받는 평판은 자연스레 좋은 결과가 있을 것으로 생각합니다. 무엇보다 항상 자만하지 않는 자세로 다른 동료들의 의견을 존중하고 효율적인 협동을 하겠습니다.

고졸 취업 자기소개서 사례

　고등학교를 졸업 후 취업을 위해 실제 기업에 제출했던 자기소개서 2부를 일부 편집하여 올립니다. 자기소개서는 5회 첨삭을 하였습니다.

자기소개서 첫 번째

* 자신을 소개하여 주세요.

문제해결에 적극적인 사람

제품을 개발하고 제작하는 전공 동아리 활동을 하며 발생한 문제들을 해결해 나갔습니다. 모델링 중 제품을 보니 길이가 너무 길어 휴대하기 불편해 보였습니다. 설계 담당이었던 저는 부품의 배열을 바꿔보고 최대한 여러 가지 제품의 형상을 설계해 보았습니다. 뚜껑을 없애고 미닫이문으로 바꿔 설계하였더니 제품의 길이가 대폭 줄어들었고 부품도 보기 좋게 정렬할 수 있었습니다.

학교의 환경 관련 문제를 해결하였습니다. 반마다 분리수거가 잘 이루어지지 않고 정리정돈 상태가 좋지 못함을 해결하고 싶어 학생자치회 환경부에 지원하였습니다. 각반의 청결도를 검사하는 제도를 만들고 검사항목에 분리수거 항목을 추가하였습니다. 이를 통해 학교가 깨끗해지는 것을 확인할 수 있었습니다.

* 업무 수행을 위한 자신의 장점과 단점을 설명해주세요.

저의 장점은 꾸준함입니다. 목표를 세우고 1년 동안 이를 이룬 뒤 발표하는 교내 대회에 참가하였습니다. 성적, 자격증, 봉사활동 등 다양한 목표를 세웠습니다. 성적과 자격증을 동시에 관리하고 학생자치회 활동을 하면서 많은 목표를 성취해내는 것이 버겁기도 하였습니다. 하지만 포기하지 않고 꾸준히 해나갔더니 목표 대부분을 이루었고 대회에서도 대상을 받았습니다.

무엇이든지 완벽하게 해내고 싶다는 생각이 강했습니다. 그러다 보니 과제 제출 전 검토에 많은 시간을 쏟게 되었고 다음 과제로 넘어가지 못했습니다. 검토 시간이 지나치게 긴 것은 비효율적이라 생각하여 세 번만 정확히 검토하자는 스스로의 규칙을 세웠습니다. 검토 시간이 줄어들자 오히려 그만큼 과제에 더 집중할 수 있었고 더 좋은 결과물을 낼 수 있었습니다.

* 회사에 지원하는 동기와 포부를 밝혀주세요(500자)

수업 시간에 사용한 매우 작은 반도체 소자 하나가 복잡한 일을 처리한다는 것이 신기해 반도체에 관심을 갖게 되었습니다. 반도체 선도기업인만큼 반도체에 대해 가장 잘 배울 수 있다고 생각했고 선배들이 회사에서 일하는 것에 자부심을 가지는 모습을 보고 함께하고 싶다고 생각하였습니다. 또 마스크 품귀현상을 해결하는 등 높은 기술력으로 사회에 공헌하는 모습에 깊은 인상을 받았습니다. 반도체로 만들어가는 우리 생활의 편리함과 모두가 잘사는 사회 실현을 위한 사회공헌에 동참하고 싶어 지원하였습니다.

입사 후 두 가지 목표를 이루겠습니다.

첫째, 역량을 기르겠습니다. 업무에 대해 열심히 배우고 심화 지식이 필요하다면 자격증을 취득하거나 관련 학과를 수강하여 지식과 경험을 갖춘 설비 엔지니어가 되도록 노력할 것입니다.

둘째, 동료들과 소통하겠습니다. 존중하는 태도로 소통하여 공통의 목표를 이루고 이것이 회사의 발전이 되도록 노력하겠습니다.

자기소개서 두 번째

* 자신을 소개하여 주세요.

"서두르지 말고 한 걸음 한 걸음 계속 걸어가자!"

저는 어릴 적부터 호기심이 많고, 과학분야에 관심이 많은 학생이었습니다. 중학교 시절 3년동안 대학교 발명영재원에 참여하면서 창의

제 3 부. 자기소개서, 어떻게 첨삭하고 분석하는가?

141

적 발상과 기술의 중요성에 대해 알아가게 되었습니다. 그러던 중 좀 더 심도있게 기술을 배우고자 전문계고등학교에 입학하게 되었습니다. 학교에서는 전공지식을 쌓고, 실습을 통해 실무능력을 열심히 키워 나가고 있습니다. 여러 시험들과 자격증에 도전하면서 성공도 하였지만, 성공을 이뤄낸 만큼 실패의 경험도 많이 겪어보게 되었습니다. 그때마다 저는 "서두르지 말고 꾸준히 한 걸음씩 해보자"라는 마음가짐으로 실패를 극복해왔습니다. 제가 입사하게 된다면 이러한 마음가짐을 잃지 않고 꾸준히 최선을 다하는 사원이 될 것입니다.

* 업무 수행을 위한 자신의 장점과 단점을 설명해주세요.

이 세상에서 처음부터 완벽한 사람은 없기에 살아가면서 자신의 부족함을 하나씩 채워가며 완벽함에 가까워진다고 생각합니다. 저는 저의 부족함을 없애려 애쓰기 보다는 당당히 드러내고 그것을 극복하고자 노력하는 점이 저의 장점이라고 생각합니다. 또한 항상 밝은 미소와 긍정적인 생각으로 주변사람들과 소통하고 좋은 관계를 유지하는 강점은 저의 큰 힘이라고 생각합니다.

저는 한 가지 목표를 세우면 끈기 있게 노력하여 목표가 달성될 때까지 포기하지 않고 끝까지 도전을 합니다. 그러나 한가지 일에 몰입하게 되면 그 일 외에 다른 일에 관심을 덜 가지게 되는 경우가 종종 있습니다. 저는 이러한 점을 보완하기 위해서 공부나 일을 하기 전에 차분히 정리를 하고, 할 일을 미리 계획하여 시간을 절약할 수 있도록 노력하고 있습니다.

* 회사에 지원하는 동기와 포부를 밝혀주세요(500자)

"지금 그 자리에서 최선을 다하는 사람이 되자!"
중학교 시절 발명영재 활동을 하면서 미국으로 발명 테마 연수를 다녀온 적이 있습니다. 가는 곳마다 보이는 회사의 로고들, 미국에서 많이 사용되고 있는 제품들을 보며 삼성이라는 회사가 우리나라를 대표하는 올림픽 선수인 것처럼 굉장히 자랑스러웠습니다. 그리고 현재는 우리나라의 경제를 이끌고 있는 최고의 회사에 최고의 엔지니어로 성장하고자 합니다. 설비엔지니어는 반도체를 만들기 위해 장비를 관리, 유지, 보수하는 업무를 한다고 알고 있습니다. 아직은 부족한 지식과 경험을 채우기 위해 모르는 것은 선배들께 여쭤보고 업무에 필요한 사항들을 하나하나 익혀나가겠습니다. 끊임없이 공부하고 노력하여 전문성을 갖춘 설비 엔지니어가 되겠습니다. 이를 바탕으로 최고의 반도체 제품이 완성될 수 있도록 하겠습니다. 아무리 불가능한 일이라도 가능하게 만드는 힘은 바로 '최선'이라 생각합니다. 제가 있는 그 자리에서 최선을 다 하겠습니다.

자기소개서 세 번째
* 자신의 성장과정과 학창시절, 가치관을 말씀해주십시오.

교직에 근무하시는 부모님의 영향을 받아 책 읽기를 좋아하였으며 다양한 주제로 이야기를 많이 나누었습니다. 또한 가족 여행을 통해 다양한 방법으로 살아가는 세상 사람들의 모습을 보며 견문을 넓

제 3 부. 자기소개서, 어떻게 첨삭하며 분석하는가?

힐 수 있었습니다. 그러면서 대학이 목표가 아니라 세상에 필요한 인재가 되면 좋겠다는 생각이 들었습니다. 부모님과 저는 미래에 어떻게 살아가야 할 지 늘 많은 이야기를 나누었는데 기술을 가진 전문기술인으로 성장하는 것이 좋겠다는 결론을 얻게 되었습니다. 그즈음 바이오 관련 산업이 활성화되며 미래에 큰 발전이 기대되는 상황에서 바이오관련 학과에 지원하여 공부하게 되었습니다.

고등학교에 입학 후 선택 교과과목 중 GMP(Good Manufacturing Practice)코스를 선택해 2년간 수강했습니다. 생리식염수에 사용할 멸균정제수의 무균시험 중 제조한 배지를 고압증기멸균기로 멸균시켜야 하는데 사용법이 갑자기 기억나지 않아 머뭇거리고 있었습니다. 사용법을 아는 친구에게 사용법을 물어보아 문제를 해결할 수 있었습니다. 그 후로 중요한 내용의 숙지를 위해 메모하고 반복하는 습관을 가지게 되었고, 동료와 소통하며 문제를 해결해 갈 수 있겠다는 생각이 들었습니다. 이로 인해 새로운 실험, 사람, 시련 등에 두려워하지 않고 도전하게 되었고 '무엇이든 도전하자' 라는 가치관이 형성되었습니다.

* 자신 성격의 장점과 단점을 설명해주세요.

대인관계능력이 좋습니다.
새로운 사람을 만나는 것에 두려워하지 않고 먼저 말을 거는 편입니다. 부모님의 발령으로 세 번 전학을 하게 되며 새로운 환경, 친구들과 잘 적응하는 법을 터득했고, 이전 지역 친구들과 지속적인 관계를 잘 유지하고 있습니다. 또 학창 시절 반에서 분위기를 주도하는 역할을 많이 했습니다. 고등학교 1학년 시절 선, 후배 간 친목동아리에 가입했습니다. 처음에는 선배들이 낯설고 어색했지만 먼저 인사를 하고 말을 걸어 어색한 분위기를 풀어나가고자 노력했습니다. 새로운 직장에 적응하는데 적극적인 태도로 회사에 빠르게 적응할 수 있을 것입니다. 또한 문제상황에서도 원활한 의사소통으로 협동하고 팀워크를 발휘해 해결 할 수 있으리라 생각합니다.

한 가지 일에 집중하는 경향이 있었습니다.

주어진 과제나 일에 책임감이 강하다 보니 정해진 시간이 지나도 일이 완료될 때까지 붙잡고 있는 성향이 있었습니다. 예로 컴퓨터활용능력 검정시험 실기를 공부할 때 함수 계산문제에 집중하여 시간을 모두 사용하다가 다른 문제를 풀지 못했던 적이 있습니다. 집중해서 해결하는 과정도 중요하지만 주어진 시간을 잘 활용해야 하는 것을 알게 되었습니다. 이후 함수계산 문제를 마지막에 풀고 그전에 다른 문제들을 푸는 방법으로 시간을 효율적으로 활용했고 발전된 모습으로 실기시험에 합격했습니다. 이런 경험들을 바탕으로 과제로 주어지는 실험, 공부 등 해결과제에 대해 시간 계획을 메모나 플래너에 작성하여 시간을 보다 효율적으로 활용하고 있습니다.

* 회사에 지원하는 동기와 입사 후 포부를 쓰시오.

코로나 19 사태가 발생하고 바이오과에서 공부를 하던 저는 코로나 19 사태를 극복하는 백신을 개발하는 회사에 입사를 희망했습니다. 본가가 있는 △△에 ○○○라는 회사가 코로나19 백신을 개발하고 있다는 뉴스를 보고 희망 취업처를 귀사로 선정했고 입사하기 위해 꾸준한 관심과 노력을 기울였습니다.

□□고등학교 바이오과에서 3년 동안 바이오의약품 생산에 관한 실습과 이론수업을 진행했습니다. CHO, Hela등의 부착세포를 배양하고, 멸균생리식염수를 원료부터 완제품 포장까지 GMP문서를 이해하고 제품표준서, SOP 등의 문서를 작성한 후 직접 생산과 품질관리 시험을 진행했습니다.

저는 언제나 도전하고 실패를 두려워하지 않으며 책임감과 열정이 강한 사람입니다. 회사원 모두에게 인정받는 사원이 되고 싶습니다.

○○○에 입사해 귀사의 미션인 '일생동안 지속되는 인류의 건강에 기여하는 것을 목표로합니다'를 마음에 품고, 사명감과 책임감을 가지고 업무에 임하겠습니다.

공기업 고졸 취업
자기소개서 사례

한국조폐공사

지원분야: 고졸전형 인쇄/기계/전자/기술 분야

자소서 작성의 유의사항

출신학교명, 학력, 직업, 현재 또는 이전 직장명이 이 드러나면 안됩니다. 개인의 인적사항인 가족관계(가족의 지위, 학력, 재산 등을 포함) 와 출신지 등의 개인 인적사항을 입력하면 불이익을 받습니다.

제 3 부, 자기소개서, 어떻게 첨삭하고 분석하는가?

1. 본인의 성격, 대인관계, 가치관은 어떠하며 이를 잘 설명할 수 있는 실제 사례, 경험 등에 대하여 기술해 주십시오. (700자 이내)

'목표한 것을 최선을 다해 이루자'가 저의 가치관입니다. 고등학교에 입학한 후 적극적으로 학교생활에 참여하겠다는 목표를 세웠습니다. 이를 실천하기 위해 고등학교 2학년 때 학생자치회 환경부원으로 활동하였습니다. 1학년 때부터 학교에서 잘 이뤄지지 않는 재활용품과 일반 쓰레기 분류 문제를 해결하고 싶었기 때문입니다. 깨끗한 교내 환경을 위해 분리수거함을 새로 설치하고 각 반의 청결도를 검사하는 제도를 시행하여 문제를 해결해 나갔습니다.

책임감이 강합니다. 아침 조회시간에 환경부에서 진행하는 일을 홍보하고 종례 후에는 각 반의 청결도를 검사해야 했습니다. 따라서 환경부 활동에 개인 시간을 많이 할애해야 한다는 어려움이 있었습니다. 그렇지만 강한 책임감으로 자치회 활동 기간 끝까지 맡은 역할에 충실하였습니다. 이러한 노력을 통해 교내에 환경 관련 문제가 해결되는 것을 보고 뿌듯함을 느꼈습니다.

환경부 업무는 부원들끼리 분담하여 운영하였습니다. 종종 수행평가 기간이 겹쳤거나 과제로 인해 바쁜 부원이 있을 때 그 부원의 업무를 대신해주었고 반대로 부원들이 제 업무를 담당해주기도 하였습니다. 이렇듯 서로 간에 배려를 통해 1년 동안 학생회 환경부 활동을 잘 마무리 할 수 있었습니다. 이 과정을 통해 대인 관계에서 나만 생각하기보다는 타인을 배려할 때 원만한 대인관계와 편안한 분위기를 형성할 수 있고 일의 능률도 좋아짐을 알 수 있었습니다.

2. 최근 3년간 본인이 경험한 가장 어려웠던 일을 기술하고 이후의 과정과 결과에 대해 말씀해 주십시오.(500자 이내)

제품 제작 프로젝트를 수행하면서 어려움을 겪었습니다. 제품의 기획부터 제작까지 팀원의 힘으로만 수행하는 프로젝트였습니다. 처음에 무선드라이기를 만들기로 하였습니다. 드라이기 회로를 이해하기 위해 각 부품을 검색해보고 세부 회로를 연구하였지만 이해를 잘하지 못해 진도가 나가지 못했고 시간만 많이 소비하였습니다. 진행이 더디니 의욕이 많이 떨어져 팀장인 저는 마음이 조급해졌습니다.

해결책을 토의하던 중 제품을 변경하기로 하였고, 드라이기를 만들기 위해 연구했던 팬과 프로펠러를 사용하여 휴대용 젖병 건조 소독기를 제작하기로 하였습니다. 아두이노 보드를 사용하고 코드를 작성하는 등 수업에서 배운 지식을 적극적으로 활용하였습니다. 팀원들과 모르는 것이 생기면 같이 의논하고 연구하였고 그래도 모를 땐 이전처럼 포기하지 않고 선생님들께 조언을 구했습니다. 덕분에 제품에 대해 깊게 이해할 수 있었고 기한 내에 제품을 완성할 수 있었습니다. 그 결과 프로젝트 발표 대회에서 우수상을 받았습니다.

3. 최근 3년간 지원 분야에 필요한 직무능력, 전문성을 향상시키기 위해 어떻게 노력했는지 사례를 중심으로 기술해 주십시오.(500자 이내)

기계, 생산설비 등을 운용하고 정비하는 방법을 알기 위해 컴퓨터응용밀링기능사를 취득하였습니다.

제 3 부. 자기소개서, 어떻게 첨삭하고 분석하는가?

고등학교 1학년 때 밀링 머신과 머시닝 센터를 처음 접하였습니다. 처음 보는 설비들이 매우 낯설어 선생님의 시범을 보고도 작동 방법과 작업 순서를 쉽게 익히지 못하기도 하였습니다. 수업을 들을 때마다 빨리 방법을 익혀서 능숙하게 도면을 파악하고 공작물을 만들고 싶다고 생각하였습니다.

밀링 머신과 머시닝 센터의 작동 방법, 작업 순서를 익히고 실력을 기르기 위해 여러 노력을 하였습니다. 제 작업을 다 마치고 난 뒤 쉬는 시간에 다른 사람들이 기계를 돌리는 것을 관찰하며 순서를 익혔습니다. 학교 일과시간 만으로는 원하는 기간에 자격증 취득이 어려울 것 같아 주말과 방학 중에도 학교에 나와 실기 연습을 하였습니다. 작업실에 가지 못할 경우에는 머릿속으로 작업환경을 상상하며 연습하였습니다. 헷갈리는 부분은 종이에 적어 들고 다니며 내용을 숙지하였습니다. 이러한 노력 덕분에 한 번에 컴퓨터응용밀링기능사를 취득할 수 있었습니다.

4. 우리 공사의 인재상인 "정도와 책임", "소통과 협력", "열정과 도전"과 관련하여 한 가지를 선택, 본인의 역량과 관련하여 기술해 주십시오.(500자 이내)

먼저 조폐공사의 인재상을 자세히 파악하여 보았습니다. 인재상은 정도와 책임과 소통과 협력, 열정과 도전이었습니다.

정도와 책임 : 공공진본성(public authenticity) 구현으로 신뢰사회 구축이라는 사명을 명심하고 원칙과 기본으로 책임을 다함/완벽함

에 대한 약속을 지키기 위해 정도를 걷고 책임을 다하는 인재

소통과 협력 : 소통하고 화합하는 문화를 만들기 위해 서로 배려하고 협력하는 긍정적인 자세를 지님/공동의 목표를 달성하기 위해 열린마음으로 소통하고 서로 협력하는 인재

열정과 도전 : 새로운 것을 배우고 자신의 성장을 위해 지속적으로 노력/새로운 가치를 만들기 위해 아낌없는 열정으로 도전하는 인재

인재상 중 열정과 도전으로 역량을 기술하였습니다.

열정을 가지고 도전하는 사람

꾸준히 노력한다면 무한히 성장할 수 있다고 생각해 자신의 성장을 위해 적극적으로 도전해왔습니다. 1년간 목표를 세우고 이를 실천하는 장기 프로젝트 대회에 참가하였던 경험이 있습니다. 대회를 통해 많이 발전할 수 있을 것이라 기대하였습니다. 학업 성적 관리, 전공 및 다양한 자격증 취득, 학생자치회 활동 등의 목표를 세웠습니다. 한 번에 많은 목표를 달성하기 위해서는 효율적인 시간 관리가 중요하다고 생각하였습니다. 매일 플래너를 작성하여 그날 할 일을 정리하고 실천하였습니다. 주중은 물론 주말에도 잠을 줄여가며 공부하는 등 최선을 다하였습니다. 이렇듯 열정을 가지고 끝까지 노력하여 목표 대부분을 이루었으며 대회에서 대상을 받았습니다.

많은 목표를 이루는 과정이 지치기도 하였지만 열정을 가지고 임했더니 좋은 결과를 얻어 성장할 수 있었습니다. 성취감이 쌓이자 무엇이든 해낼 수 있다는 자신감과 스스로에 대한 믿음도 강해졌습니다.

한국산업인력공단

자소서 작성의 유의사항

– 구분별 항목에 따라 해당 내용을 기재합니다.

– 각 항목은 글자수에 대한 입력 제한이 있사오니, 유의하시기
바랍니다.

– 워드나 한글파일에서 복사 및 붙여넣기를 하면 특수 문자로
인해 오류가 발생할 수 있으니, 메모장에 저장한 후 복사 및
붙여넣기 하시기 바랍니다.

– (작성 시 유의사항) 직·간접적으로 학교명, 가족관계 등 개인 인
적사항 관련 내용을 기재할 경우 불이익을 받을 수 있습니다.

**1. 우리 공단 채용에 지원하게 된 동기를 본인이 공단에 관하여
알고 있는 내용**(주요사업,조직특성,인재상,대내외 환경 등)**과 연계하여 서술
하여 주십시오. / 600자**

성장하고자 꾸준히 노력한다면 개인의 발전에는 끝이 없다고 생각합
니다. 개인의 발전을 위한 자기계발에는 다양한 방법이 있지만 저는
자격증을 얻으면서 실력을 키워왔습니다.
전산응용기계제도 기능사를 취득하면서 캐드 관련 지식과 실력을 쌓
을 수 있었습니다. 부품 그리기와 도면 제작 실력이 쌓이자 어렵게만

느껴졌던 수업 과제를 훌륭히 해낼 수 있었고 큰 뿌듯함과 성취감을 느꼈습니다.

다른 친구들이 프로그램으로 부품을 그릴 때 어려움을 겪으면 도와주어 저뿐만 아니라 친구들도 함께 발전할 수 있었습니다. 이를 통해 자격증 취득이 개인의 실력향상과 여러 사람의 성장에도 도움을 줄 수 있다는 것을 알 수 있었습니다.

제가 경험했듯이 공단에서 운영하는 국가 자격시험을 통해 자기계발과 취업을 위한 발판을 마련하고 꿈을 키울 수 있습니다. 취업 후에도 공단에서 제공하는 다양한 능력개발 프로그램으로 근로자가 자기 주도적으로 직업에 필요한 능력을 개발하며 성장할 수 있다고 생각합니다.

청년들이 자기계발을 통해 실력과 능력을 갖춰 국가의 발전을 이루는 데 도움이 되는 역할을 하고 싶었습니다. 따라서 청년들의 능력 개발을 지원하는 한국산업인력공단과 함께하고 싶어 지원하였습니다.

2. 본인이 가진 역량 중 우리 공단 직무를 수행할 때 강점이 될 것이라 생각하는 역량은 무엇이며, 그 역량을 갖추기 위해 어떤 노력이나 경험을 하였는지 서술하여 주십시오. / 600자

자료들을 체계적으로 분류하고 정리하는 점이 강점이라 생각합니다. 전공 동아리 활동에서 조원들과 휴대용 젖병 건조/소독기를 만들고자 기획부터 제작까지 참여했습니다. 제품을 제작하면서 활동마다 찍은 사진과 새로 알게 된 지식을 일지에 꼼꼼히 작성하였습니다. 그

자료들을 항목별로 분류하여 문서로 정리하고 컴퓨터 폴더에 구분하여 보관했습니다. 덕분에 보고서와 프레젠테이션 PPT를 제작할 때 자료를 쉽게 찾을 수 있었고, 내용을 풍부하게 넣을 수 있었습니다. 조원 모두 제품 제작뿐만 아니라 발표도 열심히 준비하여 전공 동아리 프로젝트 대회에서 우수상을 받을 수 있었습니다.

더 좋은 결과물을 만들기 위해 적극적으로 임하는 태도 또한 저의 강점이라 생각합니다. 과제가 주어지면 제가 할 수 있는 최고의 결과를 얻기 위해 다양한 방법을 찾고 적용합니다. 교실 게시판 관리 담당을 맡았습니다. 친구들이 중요하게 생각하는 진로와 공부를 위해 필요한 소식을 잘 볼 수 있도록 항상 고민하고 배치하였습니다. 덕분에 게시판 관리가 잘 된다는 이야기를 들었습니다.

두 가지 강점을 살려 업무를 수행하는 시간과 비용을 단축하고 같은 투자에도 더 좋은 결과를 얻을 수 있도록 하겠습니다.

3. 목표를 가지고 최선을 다했지만 계획했던 성과를 얻지 못했던 경험에 대하여 설명하고, 자신이 파악한 실패의 원인은 무엇인지와 그 경험을 통해 얻은 것은 무엇인지 서술하여 주십시오. / 500자

전산응용기계제도기능사 실기 시험에 도전하였으나 목적한 바를 이루지 못한 경험이 있습니다. 방과후학교와 자유시간에 틈틈이 시간을 내어 부품을 그리고 강의도 찾아보는 등 시험에 합격하기 위해 최선을 다하였지만 결과는 실망스러웠습니다.

제가 놓친 것이 무엇이 있을까 생각해보았습니다. 끼워맞춤공차, 치수공차의 등의 규격을 완벽히 숙지하지 못했습니다. 또 실제 시험에 사전에 연습한 적 없는 새로운 부품이 나와 도면을 제대로 해석하지 못하였습니다.

같은 실수를 반복하지 않겠다고 다짐하고 바로 다음 실기 시험을 준비하였습니다. 선생님께서 주시는 과제와 직접 구매한 도면집으로 다양한 부품을 그려보았습니다. 인터넷 강의를 찾아보고 규격을 더 자세히 공부하여 부족한 부분을 보완하였습니다. 그렇게 노력한 결과 높은 점수로 합격하여 자격증을 취득하였습니다.

이 경험으로 단순히 주어진 과제, 공부만 하는 것이 아니라 적극적으로 더 알아보고 연구해야 훨씬 좋은 결과를 낼 수 있음을 알 수 있었습니다.

4. 본인이 속했던 조직(학교,단체,팀 등)이나 인간관계에서 부당하거나 불공평하다고 생각했던 사례나 경험을 1가지 들고, 그렇게 생각했던 이유와 그에 대해 본인은 어떻게 대응하였는지 서술하여 주십시오. / 500자

고등학교 1학년 2학기 때 교내로 컵떡볶이를 반입하면 벌점을 부여하는 규칙이 만들어졌습니다. 당시 저는 떡볶이도 다른 간식과 별 차이가 없는데 왜 반입을 금지하는지 이해할 수 없었습니다. 또 규칙을 만든 명확한 이유를 알려주지도 않고 무조건 벌점을 주는 것은 부당

한 일이라 생각하였습니다.

그래서 학생자치회에서 활동하는 친구에게 찾아가 떡볶이 반입을 금지한 이유를 물어보았습니다. 학생들이 떡볶이를 먹고 양념이 묻은 스티로폼 그릇을 교내 쓰레기통에 버려 벌레가 생기고 학교 주변 길가에도 버려 학교 경관이 좋지 못해 반입을 금지했다고 하였습니다.

이를 해결하기 위해 2학년 때 학생자치회 환경부에 지원하였습니다. 부원들과 고민하여 떡볶이 그릇 전용 쓰레기통을 설치하였습니다. 벌레가 생기는 위생 문제가 예상됐기에 교내 반입을 금지하는 이유를 공지하고 학교 후문에 설치하였습니다. 이 경험을 통해 문제는 자세히 상황을 파악하고 이를 개선하기 위해 노력하면 해결할 수 있다는 것을 배웠습니다.

제 4 부

자기소개서 작성과 면접을 위한 인터뷰

자소서와
면접을 위한 인터뷰

대졸 취업 인터뷰

대학교 졸업 후, 취업하여 직장에 다니고 있는 취업인과 함께한 인터뷰와 자소서다. 인터뷰는 실제 면접 과정에서 나오는 질의를 바탕으로 하였다. 자소서는 기업들이 공통으로 요구하는 내용과 특별한 항목이 있는 사례를 올렸다. 이를 활용한다면 대부분의 취업 자소서를 충분히 작성할 수 있을 것이다.

인터뷰

자기 소개를 해주세요.

대학에서는 화학공학을 전공했습니다. 학생회 간부와 동아리 회장을 맡기도 하였습니다. 이때 의사소통능력이 향상되었고 리더십도 키웠던 것 같습니다. 적극적으로 학생회나 동아리 활동을 하는 것을 권유합니다.

취미나 특기가 있나요?

구기 종목을 좋아합니다. 한 달에 한 번 정도 꼭 풋살이나 축구를 합니다. 족구를 할 때도 있습니다. 여건이 되면 영화와 음악감상도 합니다.

스스로 소중하게 생각하는 가치가 있다면 이야기해주세요.

가장 소중한 것은 사랑하는 사람들입니다. 슬플 때와 기쁠 때 함께 나누고 격려하는 이들이 있기에 저 또한 존재한다고 생각합니다.

행복입니다. 제가 있는 곳에서 주어진 상황에 맞게 만족하며 행복하고 싶습니다. 건강을 소중하게 생각합니다. 그 어떠한 것이라도 건강을 잃는다면 의미가 없다고 생각합니다.

살아가면서 지키는 생활신조가 있나요?

'자격을 갖추자'가 저의 신조입니다. 동아리 대표가 되었을 때나 다른 사람에게 조언을 할 때 제 자신이 자격이 있는지 생각합니다. 스스로를 돌아보는 것은 삶의 자극제이자 원동력이 되기도 합니다.

지금까지 이룬 가장 큰 성취를 이야기해주세요.

동아리를 중앙 동아리로 승격시킨 것입니다. 토익점수 900점을 목표로 했는데 이를 이룬 것도 있습니다. 학생회와 동아리 활동 그리고 10여 개의 아르바이트로 얻은 소중한 인연입니다.

많은 경험을 하셨는데 취업준비생이 자소서를 쓰고 면접할 때 어떠한 부분을 가장 신경 써야 할까요?

자소서는 사소하다고 생각되는 아르바이트나 전공 프로젝트 등의 작은 경험일지라도 자신이 직접 체험한 일을 바탕으로 써야 합니다. 경험을 하면서 인성이나 전공지식 등이 어떻게 성장하였는지를 보여줘야 합니다. 힘들고 어려운 고난의 상황이었지만 이를 극복할 수 있는 해결책을 찾고 성과를 얻어낸 과정을 쓰시면 됩니다. 기업은 지속적으로 혁신해야만 살아남을 수 있습니다. 성장하고 어려움을 함께 극복할 인재를 찾고 있습니다. 자신의 성공사례를 쓰시면 됩니다.

면접은 무조건 자신감이 최우선이라고 생각합니다. 자신감 있게 자신의 생각을 말하면 됩니다. 자신감이라고 해서 능구렁이 같이 여유있게 답변하는 것만 해당하는 것이 아닙니다.

질문에 대한 나만의 답변, 의견이 정리 되고 어떠한 순서로 이야기 할지 매 순간마다 빠르게 결정할 줄 아는 것이 면접에서의 자신감이라고 생각 합니다.

면접 처음부터 끝까지 식은 땀을 흘리고 말을 더듬어도 괜찮습니다. 면접관은 지원자의 말 속에 컨텐츠가 있는지, 쓸만한 내용인지, 수긍할만한 의견인지 핵심을 잘 파악하고 점수에 반영합니다.

가장 쓰기 어려웠던 자소서 항목은 무엇이었나요?

입사 후 포부였습니다. 막연했습니다. 열심히 배우겠다, 노력하겠다, 잘하겠다 외에 생각나는 것이 없었습니다.

자소서를 잘 쓸 수 있었던 방법이나 노하우를 말씀해주세요.

입사하고자 하는 회사에 근무하고 있는 분을 직접 만나 보기를 권합니다. 자신이 지원하는 분야에서 어떤 일을 하고, 필요한 역량이 무엇인지, 업무를 할 때 힘든 점은 무엇인지, 직장이나 업무와 관련하여 사회적 이슈로 떠오르는 것은 무엇인지를 알아봅니다. 저는 이를 기반으로 전문가가 되기 위한 목표와 방법, 계획을 작성하였습니다.

글을 쓰다보면 막막할 때가 있습니다. 어떻게 시작하여야 할지, 첫 문장을 시작하기 어려울 때도 있죠. 그럴 때는 그냥 마인드맵으로 생각나는 모든 것을 떠올리고 적었습니다. 자소서 문항을 살펴보고 가장 핵심이 되는 단어를 선택합니다. '역량'이라면 제가 이를 발휘한 경험을 생각나는대로 적었습니다. 그 중에 가장 자신 있는 것으로 글을 썼습니다.

가장 대답하기 어려웠던 면접 질문은 무엇이었나요?

"스스로 생각하는 단점은 무엇인가?"였습니다.

어떻게 대답하셨나요.

저의 단점은 공적이나 사적인 것 구분 없이 어떤 일을 마치기 전까지 올바른 결정인가 고민합니다. 스트레스를 많이 받죠. 다음 업무를 할 때 피로가 누적되어 효율이 떨어집니다. 이를 고치기 위해 주변에 조언을 구하고 조금 더 객관화하며 부담을 덜어간다고 대답했습니다. 단점은 이를 극복하고 개선하기 위해 자신이 노력했던 것을 함께 대답하면 된다고 생각합니다.

전혀 예상하지 못한 질문이 있었는지요.

예상과 완전히 다른 질문은 없었습니다. 인터넷에 '면접예상질문'으로 검색하면 몇 백개 정도 나옵니다. 프린트 해서 하나하나 소리내면서 답변해보면 도움이 많이 됩니다.

어떻게 대답하셨나요.

예상을 조금 빗나가는 질문도 있었습니다. 다만 평소 제가 갖고 있던 가치관과 생각을 정확하게 전달하려고 노력했습니다.

면접을 잘 보기 위해 필요한 취준생의 자세는 무엇인가요?

면접관들이 여러 명이었습니다. 각각의 면접관들이 질문할 때마다 집중했습니다. 스스로 마인드콘트롤 하며 여기서 일하고 싶다는 열정을 보였습니다. 겸손하고 바른 자세를 유지하는 것도 꼭 필요합니다.

자소서와 면접은 어떤 연관성이 있습니까?

면접은 자소서를 기반으로 합니다. 면접관이 처음 만나는 지원자에게 말을 하려면 정보가 필요합니다. 자소서를 보면서 정보를 얻습니다. 면접 시간의 절반 이상이 자소서 내용의 확인입니다. 자기 자소서를 보면서 질문하고 대답하는 연습을 많이 해야 합니다.

자소서에 동아리 활동을 썼는데 동아리를 선택한 특별한 이유가 있을까요?

동아리에 가입하고 처음엔 함께 하는 사람들이 재밌고 좋아서 단순한 이유로 시작하게 되었습니다. 우리 동아리의 특수성과 명맥을 유지하기 위해 뭔가 맡아야 한다는 책임감이 있었죠. 누군가는 반드시 해야 하지만 선뜻 나서기는 어려운 일이었습니다. 회장을 맡으면서 동아리를 좀 더 키우고 외연을 확장시키기 위해 노력했습니다. 회장을 하면서 학업과 병행하는것이 매우 힘들었지만 지나고 보면 소중한 경험이고 좋은 추억이었습니다.

면접과 자소서는 어떠한 관련이 있는지 말씀해주세요.
면접관의 질문은 대부분 자소서와 관련된 질문입니다. 5개 정도 질문할 때 4개는 자소서를 기반한 질문을 합니다. 80% 정도 됩니다. 처음 보는 취업준비생에게 면접관이 말을 걸기 위해서는 정보가 필요합니다. 면접관은 면접하는 당일 현장에서 취업준비생이 입장하기 직전에 자소서를 읽으며 정보를 파악합니다. 현업의 팀장급들이 바쁜 업무에 한창 치이다가 하루 소집되어 면접관으로 참석합니다. 사전에 준비 등을 할 틈이 없습니다.
면접할 때 자신이 쓴 자소서의 내용은 암기할 정도로 파악하고 있어야 답변하기 수월합니다. 가능하다면 최대한 많은 질문을 만들어 선배나 친구들과 모의면접을 보는 것도 좋은 방법입니다. 저는 삼촌을 모시고 면접관 역할을 부탁하며 연습했습니다.

취업준비생이 취업을 위해 경험해봐야 할 것이 있다면 어떤 것이 있을까요?

쓸모없는 경험은 없다고 생각합니다. 취업 준비에 들어가기 전, 최대한 다양한 경험을 해보기를 권유합니다. 무엇이든 어떤 방식으로든 본인에게 도움이 됩니다. 본격적인 취업준비에 들어가면 모의 면접을 많이 해보는 것을 추천합니다. 전문가든 친구들끼리 하던 내가 준비한 내용을 가능하면 최대한 많이 노출 시켜야 합니다. 그렇게 하면 본인의 부족한 부분이 엄청나게 잘 드러나고, 그만큼 자극이 많이 됩니다. 실제 면접에서 긴장감이 줄어들고 큰 도움이 됩니다.

취준생에게 당부하고 싶은 말씀이 있다면 한마디 부탁드립니다.

학점과 대외활동 같은 스펙이 부족하다는 생각, 막연하게 아무 곳이나 취업하고 싶다는 생각 등의 무기력에 빠지지 않기를 바랍니다. 어차피 피할 수도 돌이킬 수도 없는 일입니다. 현실을 직시하고, 최소한 어떤 분야의 어떤 직종에서 일하고 싶은지 먼저 구체화하기를 바랍니다. 그러면 부족한 자신의 스펙과 경험 안에서도 지원하는 분야와 직종에 맞춰 이야기를 풀어나가고 추가로 준비할 것들이 보입니다. 졸업 후 3년 정도는 최선을 다해 취업준비에 올인한다는 의지와 그에 맞는 행동이 뒷받침되면 결과가 나올겁니다.

남들보다 조금 늦게 취업 하더라도 지나고 보면 아무것도 아닙니다. 조급해 할 필요도 없습니다. 본인을 믿고 끈기로 버텨 취업에 성공하시길 기원합니다. 특히 지방대라고 스스로 한계를 짓지 말고 과감하게 도전해 보세요. 요즘의 추세는 취업에서 오로지 취업준비생이 갖고있는 능력만을 봅니다. 자신감을 갖고 당당하게 응시하기를 바랍니다.

고졸취업 인터뷰

면접관을 만나 실제 면접을 하기 전 부모님과 질문을 예상하며 모의 면접을 하였다. 면접에 들어가 면접관을 만나면 무지하게 긴장되고 떨린다. 처음 지원했던 회사 면접에서 너무 긴장하여 탈락했다. 이를 극복할 수 있는 최선의 방법이 사전 면접을 많이 하는 것이라 생각한다. 면접을 잘하기 위해 직접 질문을 만들고 답변을 꼭 써보기를 바란다. 준비를 많이 한 만큼 결과가 좋게 나온다.

인터뷰

취업 준비는 어떻게 하셨는지요.

조금 늦었던 것 같습니다. 3학년 때부터 했습니다. 좀 더 일찍 했다면 하는 아쉬움이 있습니다. 먼저 공기업에 취업하고자 했습니다. 공기업 채용이 학력, 전공, 성별, 연령 제한이 없습니다. 고졸이나 대졸 함께 지원할 수 있습니다. 직무자격과 영어 실력에서 대졸자를 따라가기 힘들었다는 판단을 합니다. 자기소개서로 1차 합격은 했습니다. 직무와 영어에서 실력이 부족했던 것 같습니다. 1학년 때부터 가고자 하는 공기업을 정하고 시험 준비를 해야 할 것 같습니다.

현재 재직하고 있는 회사는 어떻게 입사했습니까.

졸업 전에 지원했는데 안타깝게도 면접에서 탈락했습니다. 실망이 컸습니다. 함께 지원한 동기들은 취업이 되었기에 낙심했습니다. 회사에 가고자 고졸채용 공무원 시험도 지원하지 않았죠. 공무원 시험을 보고자 학원에 다니던 중 채용공고가 다시 나왔습니다. 공무원보다 기업에 입사하고픈 생각이 더 컸기에 지원했습니다.

재직 회사의 취업 준비는 어떻게 하셨나요?

예전에 면접에서 탈락하였기에 면접을 중점적으로 준비하였습니다. 1차 면접 때 예상하지 못한 질문에 긴장하여 제대로 답변하지 못한 것이 불합격의 가장 커다란 원인이라 생각했습니다. 자소서를 바탕으로 예상 질문을 만들었고, 실제 면접처럼 부모님이 해주셨습니다. 특히 아빠가 제가 하는 답변에 꼬리에 꼬리를 무는 연속적인 질문으로 당황했습니다. 하지만 면접에 큰 도움이 되었습니다. 단답식으로 답하고 끝내기보다 계속해서 주고받는 모의면접을 한다면 좋은 결과가 있을겁니다.

마지막으로 고졸 취업을 위해 준비하는 분들에게 한마디 부탁합니다.

단체로 하는 동아리활동과 학생자치활동에 많이 참여하는 것을 추천합니다. 학교가 주관하는 각종 대회도 적극적으로 참여해보세요. 활동을 하다보면 부딪치는 어려운 점이 나타납니다. 이를 극복한 사례를 자소서로 쓰고, 면접에서 확인하는 질문에 답한다면 좋은 결과가 있으리라 생각합니다.

가능하다면 꼭 모의면접을 해보기 바랍니다. 스스로 무엇이 부족한지 알지 못했던 것을 모의면접으로 알 수 있었습니다. 실제 면접에 들어가면 엄청 떨립니다. 이를 극복할 수 있는 가장 좋은 방법이 모의면접입니다. 자신이 쓴 자소서를 바탕으로 질문을 만들고 답해보기를 바랍니다.

고졸취업 모의면접

면접1

자기소개를 해주세요.

안녕하십니까. ○○직에 지원한 □□□입니다.

저의 장점은 문제해결에 적극적인 점과 꾸준함이라 생각합니다. 학교의 환경관련 문제를 해결하고자 학생자치회에 들어가 해결법을 찾아 실천하였습니다. 동아리에서 제작한 창작 제품의 휴대성이 좋지 못함을 발견하여 모델링 설계를 여러번 수정하여 개선하였습니다. 또 자신의 꿈을 이루기 위한 목표를 세우고 이를 1년 동안 이룬 뒤 발표하는 교내 대회에 참가하여 힘든 순간들을 견뎌내고 꾸준히 노력하여 대회에서 대상을 받은 경험이 있습니다.

설비 엔지니어의 직무는 설비를 유지, 보수하고 설비의 문제를 해결하는 것이기 때문에 설비 엔지니어에게는 문제해결능력과 해결될 때까지 최선을 다하는 꾸준함이 필요하다 생각합니다.

저의 장점을 살려 훌륭한 엔지니어가 되어 회사의 발전에 도움이 되는 인재가 되고 싶습니다. 감사합니다.

인문계가 아닌 전문계고등학교에 진학한 이유는 무엇인가요?

공부는 대학에서만 하는 것이 아니라 평생하는 것이라 생각해 꼭 대학 다음에 취업, 이 순서를 지킬 필요가 없다고 생각했습니다. 그래서 취업을 먼저 한 다음 역량을 기르고자 할 때 대학에 진학하기로 하였습니다.

전문계고등학교를 알아보던 중 사촌 오빠가 다니고 있던 ○○고등학교를 알게 되었습니다. 사촌 오빠와 이모께서 학교에 열심히 공부하는 학생들이 많아 취업률이 높다고 말씀하셔서 입학설명회에서 본 실습과정을 보고 전문적으로 배울 수 있다고 생각해 ○○고등학교로 진학하였습니다.

학교 다니면서 가장 기억에 남는 활동을 말해주세요?

전공동아리 시간에 휴대용 젖병 건조 소독기를 만들었던 것이 가장 기억에 남습니다.

휴대용 젖병 건조 소독기에 대해 자세히 설명해주세요?

무엇을 만들까 고민하던 중 전공 동아리 담당 선생님께서 아기를 키우시는데 아이와 함께 외출 시 젖병과 같은 물건을 여러개 챙겨야 한다는 말을 들었습니다. 기저귀와 같이 일회용품이 아닌 젖병은 하나만 챙길 수 있도록 해보자 하는 생각에 휴대용 젖병 건조 소독기를 만들게 되었습니다. 버튼을 누르면 팬이 작동해 젖병을 건조시키고 그 다음에 uv led가 켜져 젖병을 소독하도록 만들었습니다.

맡은 역할은 무엇인가요?

처음에는 본체와 뚜껑으로 나뉜 원통형의 모양으로 모델링하였습니다. 젖병과 uv led는 본체에 위치하고 건전지, 팬, 아두이노 보드 등은 뚜껑에 설치하기로 하였습니다. 원통형의 모양이고 많은 부품이 뚜껑에 위치하다보니 부품의 배치가 어려워져서 제품의 길이가 너무 길어졌습니다. 또 건전지와 uv led를 잇는 전선의 길이가 너무 길어질 수 밖에 없었습니다. 결국 전체적인 모양을 직사각형으로 바꾼 뒤 본체와 뚜껑을 하나로 합쳤고 팬을 제외한 모든 부품을 제품의 바닥 쪽에 설치하였습니다. 그랬더니 제품의 길이가 많이 줄어들어 휴대성이 좋아졌고 전선도 보기 좋게 정리할 수 있었습니다.

어려웠던 점은 무엇인가요?

전공동아리는 최대한 팀원들의 힘으로만 해나가는 활동이기 때문에 제품에 문제가 생겼을 때 선생님의 도움 없이 원인을 찾아내고 해결하는 과정이 어려웠습니다.

첫째, 팬이 정해진 시간동안 작동하지 않았습니다. 팬과 건전지의 전압이 맞지 않은 것이 원인이었습니다. 승압회로를 만들어 이를 해결하였습니다. 둘째, uv led가 켜지지 않았습니다. 저항이 너무 큰 것이 원인이어서 작은 저항으로 교체하여 해결하였습니다.

팀원들과의 갈등은 무엇이었고, 어떻게 해결하였나요?

갈등을 겪은 적은 없지만, 초반에 몇몇 팀원이 동아리 활동에 집중하지 못했습니다. 당시 팀장이었는데 이런 상황이 지속되면 갈등이 발생할 것이라 생각했습니다.

친구들에게 물어보았더니 자신의 역할에 흥미를 갖지 못하고 어려워하고 있었습니다. 따라서 재정비 시간을 가져 각각 팀원들이 자신 있어 하는 역할을 맡도록 하였고, 앞으로의 계획, 방향에 대해 다 함께 얘기를 나누었습니다. 그 결과 팀원 모두 동아리 활동에 적극적이게 되었고 열심히 노력하여 전공 동아리 대회에서 우수상을 받았습니다.

동료들과 의사소통에 문제가 생기면 어떻게 할 건가요?

오해가 생겨 문제가 생긴 것이라면 대화를 통해 잘 풀어나가겠습니다. 혹은 서로의 생각이 달라 의사소통에 문제가 생겼다면 양보를 통해 타협점을 찾아 원만히 의사소통을 해나가겠습니다.

회사는 다양한 사람들이 함께 생활하는 곳입니다. 적응할 수 있을까요?

잘 적응할 수 있습니다. 기숙사 생활을 했기 때문에 항상 많은 사람과 함께 있었습니다. 또 기숙사 생활을 통해 타인을 배려하는 마음을 기를 수 있어서 원만히 잘 적응할 것으로 생각합니다. 점호 때문에 매일 청소를 하고 집안일 등의 일을 해야 한다는 점이 힘들었습니다. 부모님께 감사함을 느낄 수 있었고 집에서도 집안일을 열심히 하게 되는 계기가 되었습니다.

선후배 간의 나이 차이가 많이 납니다. 세대 차이를 어떻게 극복할 건지요?
교회 유치부에서 보조 교사로 봉사한 적이 있습니다. 세대 차이가 많이 나는 선생님들과 2년 넘게 봉사하면서 행사를 계획하거나 의견을 조율한 경험이 있습니다. 따라서 세대 차이가 많이 나는 선배들과 의사소통 문제없이 잘 지낼 수 있을 거라 생각합니다.

면접 2

바이오 분야에 취업한 사례를 올린다. 출결에 결석이 많으면 면접관이 반드시 이를 확인한다. 질문에 준비해야 한다. 대답이 불확실하면 탈락의 원인이 된다. 지원자도 결석에 대한 질문을 예상하지 못해 면접을 마쳤지만 불합격했다. 면접관이 출결을 회사생활의 가장 기본이라 판단한다.

의외로 면접관이 자주 묻는 질문이 있다. "야근하실 수 있습니까?"다. 답변을 준비해야 한다.

자기소개를 부탁드립니다.

고등학교에서 바이오를 전공하여 백신 제조 회사에 근무합니다. 세포배양, 분리정제, 이화학분석, GMP문서 작성등 바이오의약품생산에 관한 공부를 했습니다. 그 중 세포배양에서 세포가 생장되는 과정, 주어지는 조건에 따라 달라지는 세포의 상태 등에 흥미를 느껴 더 심화시켜 배우고 세포배양 업무를 업으로 삼아 인류의 건강에 도움이 되는 바이오의약품회사에 배양팀으로 일하고 싶은 꿈이 생겼습니다.

특별히 전문계고등학교에 진학한 이유가 있나요.

저는 미래에 어떻게 살아가야 할 지 늘 많은 고민을 해왔는데 전문 기술을 보유하는 것이 점점 중요해지는 사회라고 생각했습니다. 때문에 전문기술인으로 성장하고 직업을 선택하는 것이 좋겠다는 결론을 내렸습니다. 마침 바이오산업 활성화와 큰 발전이 예측되어 바이오 전문가가 되고 싶어 관련 학과를 지원하고 공부하였습니다.

생활기록부 출결에 질병 관련 사항이 많은데 특별히 앓고 있는 질병이 있습니까.

축농증 치료로 인해 생활기록부 출결에 병조퇴가 여러번 있었습니다. 학교가 외곽에 위치해서 진료를 받으려면 시내로 나가야해 조퇴를 낼 수 밖에 없었다. 비염인줄 알았는데 축농중이라는 걸 늦게 알게 되었다. 축농증 치료가 잘 안되었는데 이후 검사를 통해 수술이 필요하다는 소견으로 이비인후과에서 비

중격만곡증수술을 받았습니다. 수술로 완전히 치료받았고, 입사 시 성실하게 근무할 수 있습니다. 이상입니다

※고졸 취업 시 대부분의 기업이 생활기록부를 제출하라고 한다. 취업준비생의 근무태도를 예상하기 위해서다. 출결사항에 지각과 조퇴, 결석 등이 많으면 면접에서 반드시 확인한다. 합당한 근거를 제시하는 대답을 하면 된다.

취업 준비는 어떻게 하셨는지요.

학교생활에 적응하지 못해 전공 공부를 소홀히 했습니다. 이를 보충하고자 3학년 때 전체적인 실험과정을 3개월 동안 선생님의 도움을 받아 다시 체계적으로 공부하였습니다. 친구들이 먼저 취업하는 것을 보고 조급한 적도 있었습니다. 하지만 취업을 위한 직무역량을 제대로 배우는 것이 중요하다고 판단하였고, 선생님들의 배려로 실력을 잘 쌓았습니다.

좋아하는 과목과 그 이유를 설명해주세요.

세포배양과 영어를 좋아합니다.

세포를 키우고 현미경으로 관찰하며 생장하는 모습에서 배양에 흥미를 느꼈습니다. 또한 꼼꼼한 성격으로 과정을 완벽하게 처리하는 저에게 배양이 적성에 맞았습니다.

영어는 어렸을 적 뉴질랜드로 한달 간 해외어학연수를 다녀왔습니다.

외국인들과 1달간 영어로 소통하며 즐거운 추억들을 쌓을 수

있었고 그 뒤로 영어에 재미를 느끼고 좋아하게 되었습니다.

맡게 될 직무에 대해 설명해주세요?
원제팀에서는 유비콜(콜레라백신)을 만들기 위해 콜레라 균을 배
양하고 불활성화 처리한 후 세척을 합니다.
qc직무에서 하는 일은 유비콜이 배양되고 불활성화되고 세척
되는 과정마다 샘플링을 해 과정에 대한 품질을 검사하고 관
리합니다.

회사에 대해 알고 있는대로 말씀해주시겠어요.
코로나19가 확산되던 작년 회사가 코로나19백신 개발을 시작
했다는 뉴스를 보았습니다. 고향에 공장이 있다는 것도 알았
습니다. 저는 백신을 개발하고 제조하는 기업에 입사하고 싶었
기 때문에 2020년부터 지속적인 관심을 가지고 있었습니다.
회사는 일생동안 지속되는 인류의 건강에 기여한다는 미션을
가지고 백신을 개발하고 제조하며 수탁생산을 하는 글로벌바
이오제약회사입니다. 콜레라백신인 유비콜은 전 세계 시장에
서 80%이상의 점유율을 확보하고 있고 2019년 2천만불의 수
출을 기록했습니다.

회사의 업무가 바쁘면 야간근무를 할 수도 있습니다.
상관없습니다. 할 수 있습니다.
※의외로 많은 회사가 물어보는 질문이다.

작업복을 입고 근무하는데 불편하지 않을까요.

학교에서 실습 할 때 항상 작업복을 입고했기에 불편하지 않습니다.

고졸채용 입사 후기

직장인이 직접 쓴 자서전을 기반으로 작성하였다. 특성화고등학교와 마이스터고등학교 등에서 고등학교 졸업 이후 취업을 준비하는 학생들에게 도움이 되고자 실었다. 직장인이 쓴 대부분의 내용을 실었으며 내용을 좀 더 잘 이해할 수 있도록 약간의 첨삭을 하였다.

기업 입사를 꿈꾸며 마이스터고에 입학

중학교 3학년 2학기 마이스터고등학교에 진학하고자 할 때, 담임 선생님과 주변 분들은 인문계 고등학교를 들어가 대학 진학을 권하셨다. 하지만 부모님과 상의하면서 취업을 먼저 하는 것이 더 좋은 선택이라 생각하여 전문계고등학교에 지원했다. 인문계 대신 전문계고등학교를 선택한 가장 큰 계기는 ㅁㅁ고등학교 설명회였다.

○○에 합격한 선배들과 인터뷰를 하였다. ○○의 연봉과 사내복지, 근무 환경을 들었을 때, ○○에 '꼭 입사하고 싶다.'는 생각을

했다. ○○ 입사를 목표로 고등학교 생활을 시작했다.

자신감을 잃고 방황하여 목표를 바꿈

○○를 목표로 학교생활을 했지만 나보다 실력이 뛰어난 친구들이 많다는 것을 알았다. 친구들이 나처럼 ○○ 취업을 목표로 한다는 이야기를 듣고 자신감을 점점 잃었다. 나의 목표를 입 밖으로 이야기하지 않는 내가 되어 버렸다. 마음속 목표는 항상 ○○ 입사였지만, 자신감이 점점 사라졌다. 진로 목표를 중소기업으로 쓰고, 선생님과 친구들에게도 진로 목표가 중소기업이라는 이야기를 종종 했다. 속으로는 정말 답답했다. 성적도 그리 뛰어나지 못해 나는 가능성이 없다고 판단하였다. 정말 자신감이 바닥으로 떨어졌다.

이후 '괜찮은 중소기업에 취업하자"라고 가능한 목표를 세웠다. 학교 전공과목도 열심히 듣고, 전공 관련 자격증도 몇 번이나 떨어져도 끝까지 도전하여 취득했다. 어느덧 자격증이 제일 많은 내가 되었다. 이 과정에서 컴퓨터 프로그래밍을 좋아하고, 적성이 있다는 것을 깨달았다.

내가 취업하려는 대부분의 회사들은 중국어 어학점수가 필수였다. 매주 토요일 귀가하여 중국어 선생님과 공부하였다. 친구들이 주말에 놀러 가자고 했지만 함께 하지 못할 때 정말 힘들었다. 하지만 꾸준히 중국어 공부를 한 결과 HSK 자격증도 취득했다. 고등학교 2학년 겨울방학에 중국 어학연수도 갈 수 있었다.

자격증 취득에 부모님이 정말 많이 도와주셨다. 문제집도 같이 살펴보고 무엇을 선택할지 도와주시고, 시험 일정도 꼼꼼하게 체크하여 한 번도 빠짐없이 시험에 응시하여 자격증을 3개나 땄다.

다시 ○○에 도전하고 합격

중소기업 취업을 차곡차곡 준비하던 3학년 1학기 때, ○○공채 채용이 공지되었다. 인생의 커다란 기회라 생각하고 도전하고자 하는 열망이 솟구쳤다. 많은 학생들이 지원하였다. 선생님들도 ○○ 준비시간을 따로 주셨다. 모두 열심히 준비하였다. 항상 긴장하며 최선을 다해 공부하였다.

○○ 입사는 1차 서류와 2차 직무적성검사, 3차는 면접이다. 1차 서류 전형에서 대부분의 친구들이 합격하였다. 2차 직무적성검사에서 합격 여부가 판가름 난다는 이야기를 듣고, 잠자는 시간 잠깐 빼고 정말 죽어라 공부했다. 인생의 전환점이 된다는 생각으로 최선을 다해 공부했다.

생각보다 시험은 어려웠다. 문제를 풀던 도중 시간이 끝나 10문제나 풀지 못했다. 커다란 좌절감이 밀려왔고 죽고 싶은 심정이었다. 친구들 이야기를 들어보니 모두 문제를 풀었고, 심지어 쉬웠다는 친구들도 있었다. 허무하고 비참했다. 결과가 발표되는 날, 아무 기대를 하지 않았다. 혹시 모른다는 생각에 필기시험 합격창을 열었다. 면접을 보러 오라는 문구를 보고 눈물이 핑 돌았다. 기적적으로 직무적성검사까지 합격하였다. 비록 문제를 끝까지 풀지는 못했지만, 찍은 문제 없이 모두 정확하게 풀었기에 점수가 높게 받아 합격한 것이다. 이미 합격한 것 같았고, 하늘을 날아가는 기분이었다.

마지막 관문인 면접을 준비하였다. 예상 질문과 답변을 수백개 만들어 외우면서 계속 연습하였다. 부모님께서도 면접관 역할로 연습을 도와주셨다. 1학년 때부터 배웠던 모든 전공서적을 다시 살펴보며 면접관의 질문을 생각하고 답을 만들었다. 면접 당일 아침부터 정말 많이 긴장하였다. 하지만 막상 면접을 보니 평소에 준비한 것보다 훨씬 편했다. 즐겁게 면접시험에 임하였다. 면접은 지금까지 배운 나의 모든 지식을 말한다는 생각으로 진행하였다. 인성 관련 질문은 최선을 다해 솔직한 나의 모습을 보여준다는 생각으로 임하였다. 면접은 화기애애한 분위기였고, 집으로 돌아가는 길은 정말 홀가분했다. 정말 아쉬움 없이 최선을 다했기 때문이다.

최종 결과를 기다리며 또 다시 불안했다. 면접을 잘 봤어도 직무적성검사 점수가 포함된다는 이야기를 듣고 합격을 확신하지 못했다. 몇 달이 지나도 최종 결과가 발표 나지 않았다. 결과를 기다리며 혹시 모를 불합격을 대비하여 공기업 시험 준비를 하였다. NCS공부, 중국어도 높은 레벨을 취득하였다. 한국사능력검정시험을 준비하며 도서관에서 살다시피 하였다. 그렇게 생활하던 중 어느 날 갑작스럽게 발표가 났다. 친구들 사이에 메신저가 폭발하였다. 떨리는 마음으로 조심스레 합격조회 버튼을 눌렀다. 나는 잠시 눈을 감았다. 눈을 뜨고 합격 결과를 가리고 있는 손을 떼자, 축하한다는 문구와 함께 '합격'이라는 두 글자가 눈에 들어왔다. 도서관이라 입에서 나오는 함성을 겨우겨우 막아내며, 주먹을 불끈 쥐었다. 흥분된 감정을 추스리고 부모님께 연락을 드렸다. 엄마께서는 기쁨의 눈물을 흘리시면서 고생했고 너무 대견하다 말씀해 주셨다. 아빠도 정말로 기쁜 목소리로 자랑스럽다는 말은 반복하셨다. 정말 잊혀지지 않는 최고로 기쁜 순간이었다.

취업이후 새로운 미래를 도전

때로는 자신감이 떨어져 마음 고생도 했다. 그러나 항상 미래를 준비하고 꾸준히 노력했다. 기회가 왔을 때 꽉 움켜쥘 수 있었다. ○○의 합격까지의 이 소중한 경험을 평생 잊지 못할 것이다. 앞으로 회사에 다니면서 방송통신대학교에 진학하여 관심 있던 분야인 컴퓨터 공부를 계속 할 것이다. 근무하는 곳은 △△사업부지만 꾸준히 준비하고 노력하면 언젠가 또 다른 기회가 찾아올 것이다. 그

때, 또 다시 기회를 꽉 움켜쥘 것이다. 앞으로 어떤 상황이 찾아올지라도 꼭 미리 준비하여 최고의 결과를 얻어낼 수 있도록 유비무환의 정신으로 하루 하루를 열심히 살아가고 있다.

제 5 부

자기소개서
첨삭 실전

자기소개서
첨삭 실전

지원동기 및 열정에 대하여.

'대한민국의 24시를 넘어 글로벌 유통으로'
→ 이러한 서술은 그 의도는 이해가 되지만 실제로 이 부분은 지원자가
해야 할 내용이 아니다. CEO나 적어도 임원급 인사가 해야 할 말이다. 이
런 내용을 문두에 서술할 경우 이 항목의 요구 내용과 결합시킬 수 있는
방법이 마땅치 않다. 항목의 요구 사항과 결합될 수 있는 내용으로 수정
할 것.

2020년 초 캐나다에 가서 경영학 수업을 수강하며, 그룹 발표 주제로
24시간 운영하는 체인점을 비즈니스 플랜으로 수립하자고 팀원들에
게 제안했습니다. 한국인들이 운영하는 소수의 슈퍼마켓 말고는 24시
간 하는 마트가 없었기에 괜찮은 아이디어라고 생각했는데
→비지니스 플랜으로 제안한 이유가 너무 빈약하고 모호하다. 단순히 24
시간 영업하는 마트가 없었다는 점 때문이 아니라 비즈니스 플랜 답게 뭔
가 분석적인 관점이 제시해야 한다.

캐나다의 학생들은 수면시간에 여는 마트가 왜 필요하냐며 저에게 되물었습니다. 처음에는 '이들에게는 24시간 하는 체인점이 필요하지 않나 보다.'라고 생각했습니다. 그런데 얼마 후 기숙사에서 밤에 파티를 하다가 맥주가 다 떨어져 아쉽게 방으로 돌아가야 했습니다.

→ 이 내용은 사실 비즈니스플랜을 제안하기 이전에 그 근거나 이유로 제시했어야 하는 부분이다. 그런 측면에서 나중에 배치한 것이 매우 아쉬우며, 설득력의 측면이나 본인의 비즈니스 플랜 기획 능력을 보여줄 기회를 상실한 것이다. 글 전체의 포맷을 고민하면서 서술해야 한다.

또한 한인교회를 다니며 24시 체인점을 운영하는 한국인들이 부유한 것을 보았습니다.

→ 이 내용도 역시 본인의 기획 능력이나 문제 해결을 위한 자료 조사 능력을 발휘하여 좋은 평가를 유도할 수 있다는 점에서 전체 글의 구도 배치가 매우 아쉽게 느껴진다. 이 부분도 역시 본인이 힌인교회 사람들과의 커뮤티케이션 과정을 삽입한 수 분석된 내용을 중심으로 했어야 한다.

또한 한인들이 부유하다는 것이 24시간 편의점을 운영한다는 것과 직결적으로 연결되지 않는다. 즉 인과관계가 성립되지 않기 때문이다.

이런 측면에서 GS리테일의 세계화 가능성을 생각할 수 있었습니다. 이때부터 'GS 24시'라는 이름에 매료되어 도전 정신과 순수한 열정을 GS리테일에서 발휘하고 싶다고 생각했습니다.

[항목 1] 전체에 대한 ADVICE :
글을 디자인할 때 가장 먼저 염두에 두어야 할 것은 그 글의 목적이다. 왜 이 글을 쓰는가와 무엇에 대해 쓰는가라는 이 둘이 바로 목적에 해당된

다. 그러면 글의 디자인은 왜 하는가? 그 글을 읽는 사람에게 무엇인가 매력적인 요소나 향기를 발산해서 글에 대해 좋은 감정을 갖기 위함이다. 그래서 글의 디자인에서 항목에서 요구하는 것의 결론을 서술한 후 다음 그 이유나 근거를 서술하는 구도가 좋다. 지원자의 글은 글자 수라는 제한 요소가 있다는 점에 너무 신경을 써서 전체적으로 글의 전개가 난삽한 느낌이 든다. 다음과 같은 방식으로 수정 바란다.

"캐나다 OO대학에서 경영학과 회계학 관련 학점 교류 강의에 참여했습니다. 평소 관심을 가졌던 '비즈니스 플랜 구축을 위한 주제로 24시간 편의점 운영 방안 개선'을 그룹 텀 페이퍼로 제시하여 팀원들과 함께 진행했습니다. 수퍼마켓을 운영 중인 한인 교포와 외국인들을 대상으로 팀원들과 함께 관련된 자료들을 조사하여 분석한 후, 24시간 편의점만이 갖는 일상성, 구매자가 느끼는 편의성이 기존의 마켓보다 월등히 우월하다는 점을 중심으로 과제를 완성했습니다. 이를 계기로 'GS 24시'를 운영하는 GS리테일에서 도전 정신과 순수한 열정을 발휘해야겠다고 생각했습니다."

성장 과정 및 학교생활에 대하여.

사례

'농구하는 바이올니스트'

피아노를 전공하신 어머니의 영향으로 7살 때부터 바이올니스트를 꿈꿨습니다. 그러나 중학교에 진학하자 한계를 느꼈습니다. 10번을 연습해 오라고 하면 100번을 연습했으나 부족한 감수성을 극복하지 못했습니다.

좌절된 꿈의 탈출구로 농구를 택했습니다. 그런 제가 걱정되셨는지 부모님께서 미국유학을 권하셨습니다. 미국의 농구에 매료되었기에 성심을 다해 영어학습에 임했고, 그 결과 슬렙테스트를 통과해 장학금을 받고 Vermillion고등학교에 진학했습니다. 도착하자 농구선수의 꿈이 얼마나 허황된 것인가를 알 수 있었습니다.

농구를 그만두고 한국의 고등학교로 편입했으나 수능 준비가 되어 있지 않았으며 영어특기자로 대학을 갈 정도로 뛰어나지 않았습니다. 첫 모의고사에서 영어를 제외한 전 과목에서 5등급과 6등급을 받았습니다.

→사실 '농구와 바이올린'은 그렇게 접점이 없는 영역일 수 있다. 그런데 두 개의 영역 하나로 결합하려면 어떤 접점이 필요했는데 그것이 없다. 매우 감성적으로 접근했지만, 결국 노력해도 되지 않는 것이 있다는 사실만 알려준 꼴이 되었다. 또한 어려움을 극복하기 위한 노력의 과정들이 전혀 나타나 있지 않다는 점에서 이 부분에 대한 보완이 시급하다.

그러나 2년간 공부해 한국외국어대학교에 정시로 당당히 입학했습니다.

→정시로 당당히 입학한 과정에서 본인이 했던 노력이나 특별한 공부 방법, 혹은 경험이 제시되어야 한다. 그래야 설득력이 있는 것이다.

입사 후 포부(Vision)에 대하여.

'글로벌을 위한 도전 정신'

→ 주제와 본문 내용이 적절히 부합되는가를 먼저 판단해야 한다. 본문 내용은 '글로벌을 위한 도전 정신'과는 사뭇 다르다. 노숙인들을 위한 숙소 제공 캠페인이 어떻게 '글로벌'이나 '도전정신'과 결합될 수 있는지를 우선적으로 고민해야 보아야 한다.

캐나다에서 노숙인들을 위한 잠자리 제공 캠페인을 성공적으로 마쳤습니다. 캐나다에 도착했을 당시 영하 40도의 날씨에 커피 한잔을 들고 전전하는 노숙인들을 보며 안타까웠습니다. 얼마 후 노숙인들에게 잠자리를 제공하기 위한 캠페인에 모금활동가로 지원했습니다. 다른 한국의 학생들이 '캐나다인들도 자국민 설득이 어려운데 네가 뭘 할 수 있겠냐.'라고 했습니다. 그러나 포기하지 않고 여러 국가의 학생들을 붙잡고 모금할 것을 설득했습니다. 그 결과 목표 금액보다 $50을 더 모을 수 있었습니다.

→ 목표 금액보다 더 모금한 것이 도전 정신으로 전환될 수 있는지를 우선 생각해 보자. 그리고 '하면 된다.'는 사고의 관점이 앞서 [항목 2]의 내용과 부합되지 않는다. 글로벌 지향과 관련이 있는 콘텐츠로 재구성해야 한다.

위의 다른 한국 학생들같이, 살아오며 '하면 된다.'보다 '해봤자 안 된다.' 라는 말을 하는 사람들이 더 많았습니다. 불가능의 이유를 전혀 다른 상황의 예에서 끌어오는 사람들을 보며 안타까웠습니다. 저의 이러한 글로벌 지향의 도전 정신을 바탕으로 GS리테일이 글로벌 유통기업으로서 위치를 공고히 하는 데 앞장 서겠습니다.

→ 마지막으로 글로벌을 위한 도전정신이라는 표현 자체가 비문이다. '세계화를 지향하는 도전 정신'로 수정해야 한다. 영어 글 그대로 인용할 때 범할 수 있는 흔한 실수다.

한 권으로 마무리하는 취업자소서 완전정복

성격의 장·단점 및 보완 노력에 대하여.

'냉철히 목표를 추구하면서도 동료들의 감정을 배려하는 성격입니다.'
→ '목표는 냉정하게, 배려는 풍성하게' 슬로건을 설정할 때 하고자 하는
바를 명확하게 드러내는 것이 좋다. 전체 내용을 포괄할 수 있는 방향과
용어를 활용하여 가급적이면 간결하고 평이하게 쓰는 것이 좋다.

2020년 타국에 있는 5개국의 학생들과 SNS로 비즈니스 플랜을 수
립했습니다. 이때 인터넷으로만 대화하다 보니 상호 이해의 폭이 좁
아 진행이 어려웠습니다. 그러나 3%의 언어, 상대방을 알고 이해하
는 97%의 비언어적 관계 맺기가 중요하다고 생각했고 팀원들 나라의
유머, 유행 등을 조사해 공유하였습니다. 그 결과 팀 분위기가 밝아
져 서로 친구가 되었고, A성적의 리포트를 만들 수 있었습니다. 이런
경험을 바탕으로 입사 후, 협업 활동의 윤활유 그리고 기쁨조 역할을
하도록 하겠습니다.
→ 매우 바람직한 사례라고 판단된다. 팀원들을 이해하기 위한 본인의 노
력이 드러나 있고, 이를 통해 본래 목적한 바를 달성한 경험이라는 점에
서 현재의 서술도 매우 좋지만 좀 더 예쁘게 포장할 필요가 있다.

'신뢰를 보다 강화시킬 관심'
→ 내건 슬로건과 본문의 내용이 부합되지 않는다. 약점을 신뢰성의 과다
로 했을 경우 그것을 보완할 수 있는 나름대로의 방안이 제시되어야 하
는데, 그것이 없다. 그냥 노력해 나가겠다고 할 경우 너무 추상적이고 뜬
구름 잡기 식이 되어버린다. 차라리 약점을 보완하기 위해 중요한 행사가
있는 경우 잊지 않도록 팀원 전체에 미리 전화와 연락을 취하고 재확인
할 것을 서술하는 것이 바람직하다.

맹목적으로 남을 믿는 성격을 약점으로 가집니다. 과거 그룹 발표 날, 팀원들이 발표 시간에 늦지 않을 것이라고 신뢰했습니다. 그러나 한 명이 늦어 결국에는 감점을 당하였습니다. 입사 이후 동료를 향한 관심을 바탕으로 이러한 약점을 보완해 나가겠습니다.

정직함에 대하여. (경험이 있다면 그 상황에서의 본인의 입장 및 대처 사례)

사례

'이름값을 하자.'

본 문항을 적으며 부모님께서 지어주신 이름의 의미를 다시 생각해 보게 되었습니다. '이바름'이라는 이름의 뜻은 '바르게 살라'는 뜻입니다. 단순히 바른 것이 아니고 이 세상의 모든 옳은 가치를 지니라는 속뜻이 있습니다. 때문에 어렸을 때부터 '정직하지 않음'을 택하는 것은 너무나도 어려운 일이었으며, 거짓말을 했을 시 어머니께서는 이름을 가지고 저를 추궁하셨습니다. 그 덕분에 지금도 '정직함'을 최우선 가치로 여기고 있습니다.

→'이름값을 하자.'는 슬로건은 본문의 내용과 부합된다. 그러나 약간 보완할 것이 있다. 즉, 정직함이라는 가치를 견지하기 위해 요청되는 덕목이 무엇인지 서술하면서 자신만의 경험을 결합시킨다면 보다 설득력이 있을 것이다.

그리고 주변에서 거짓을 선택하도록 선택권을 주는 사람도 만난 적이 없었으며 삶에 있어서 정직함과 거짓 사이에서 갈등해야 하는 상황도 별로 없었던 것 같습니다. 이것은 아마도 제 이름 때문일 것입니다. 그리고 앞으로도 제가 사랑하는 사람들과 속한 조직에 큰 위협을 주는 상황이 오지 않는 이상 정직함이라는 가치를 지키겠습니다.

→정직함을 구체적으로 설명하는 본인 자신의 경험에 대한 서술이 있었어야 한다. 아쉽게도 그런 경험이 없었다면 그 이유를 설명하면서 진행하면 된다. 그러나 옥의 티라고 할 것이 있다. 즉, 마지막 문장은 차라리 서술하지 않아야 하는 내용이다. 전제 조건을 달기는 하였지만 정직함이라는 가치는 상황 불문하고 되어야 할 가치라는 점에서 조건을 달아 서술산 것은 옳지 않다. 초지일관하는 자세가 더욱 바람직할 것이다. 조심할 것.

자기소개서,
'이것만은 꼭 확'인하며 쓰자,

자소서를 쓰는데 문학적인 글쓰기 재주가 있어야 하는 것은 아니다. 무조건 읽는 사람이 편하게 써야 하는 글이다. 면접에서 마주 대하는 사람이 편하면 좋은 점수를 주듯이 자소서도 편하게 읽히면 점수를 잘 받을 수 있다. 읽는 사람이 편하게 읽을 수 있는 글을 쓰려면 다음을 꼭 확인하시기 바란다.

주어와 서술어의 일치 여부 확인

우리말은 영어처럼 주어와 서술어를 바로 확인할 수 없다. 서술어가 문장의 끝에 있다. 문장이 길어지면 주어와 서술어가 일치하지 않는다. 문장이 제대로 되지 않으면 면접관에게 자신의 확실하게 전달할 수 없다. 소리내어 읽어보라. 문장이 올바른지 아닌지 바로 확인할 수 있다. 문장은 최대한 짧게 말하듯이 쓴다.

불필요한 조사의 삭제

조사를 덧붙이면 문장이 매끄럽지 못하게 되는 경우가 많다. 불필요한 조사를 삭제하면 면접관이 문장을 읽을 때 막힘 없이 편하게 읽을 수 있다. 일사천리로 쭉 읽게 된다. '막힘이 없게 됩니다.' 보다 '막힘 없습니다.'로 쓰면 훨씬 잘 읽힌다.

적확한 단어의 선택

자신의 경험이 살아 날 수 있도록 적확한 단어를 쓴다. 예를 들자면, '직무와 관련된 지식을 전문화시키기 위하여 꾸준히 자격증 취득에 매진해왔습니다'보다 좀 더 구체적인 사실이 드러나도록 명확하게 '고객 서비스 업무의 데이터베이스화를 위해 컴퓨터활용능력 자격증을 취득하였습니다.'로 쓴다. 더 구체적이고 훨씬 생생한 경험이 드러난다.

한 번에 입사하는 취업 자소서 완전정복

초판 1쇄 인쇄 2023년 2월 10일
초판 1쇄 발행 2023년 2월 15일

지은이 | 이은규, 황석범, 이바름
발행인 | 전익균, 전형주

이 사 | 정정오, 김영진, 김기충
기 획 | 권태형, 백현서, 조양제
편 집 | 김 정
디자인 | 얼앤똘비악 earl_tolbiac@naver.com
관 리 | 김희선, 유민정
언론홍보 | (주)새빛컴즈
마케팅 | 팀메이츠

펴낸곳 | 에이원북스, (주)아미푸드앤미디어
전 화 | 02)2203-1996, 031)427-4399 팩스 050)4328-4393
출판문의 및 원고투고 이메일 | svedu@daum.net
등록번호 | 제215-92-61832호 등록일자 | 2010. 7. 12

가격 15,000원

ISBN 979-11-91517-46-0(03320)